W0462418

Ce livre est imprimé sur un papier sans chlore
et résistant au vieillissement.

Si vous désirez recevoir gratuitement notre catalogue
et être régulièrement informé de nos nouveautés,
n'hésitez pas à envoyer vos coordonnées à :

L'ARCHE *Éditeur*
86, rue Bonaparte
75006 Paris
newsletter@arche-editeur.com

Après les grands desseins viendrait le temps des détails ? Quand Norén disait dans une interview que cette pièce parle de la dernière décennie du XXe siècle, il admettait que le regard sur la vie entière de ses personnages l'angoissait. Aussi lui fallait-il se concentrer sur les détails. Les détails dans lesquels non seulement niche le diable mais qui racontent aussi le monde tel qu'il va.
Un quatuor de personnes, à Stockholm, Florence ou New York. Des hommes, des femmes qui essaient de se lier et de se séparer ; ce n'est pas l'argent qui manque ; la recherche permanente d'un bonheur qu'ils n'ont pas su trouver ou qu'ils n'ont pas su conserver, les occupe tous. On sent dès les premières lignes le sourire triste de l'auteur qui sait que leurs souhaits ne seront jamais exaucés. Chacun s'accroche donc à ce qu'il tient dans les mains.
Tout en étant des éclats, les scènes forment pourtant un ensemble très cohérent. Rares sont les dramaturges qui savent comme Norén développer et orchestrer une scène, la circonscrire dans l'espace et le temps. Cette pièce est peut-être l'une des plus autobiographiques de Norén et en même temps il y brosse un portrait lucide de l'homme ou de la femme occidental. Comme dans *Démons*, pièce maîtresse des années quatre-vingt, son regard porte sur un certain milieu social, bourgeois et bohème à la fois.
Comme disait Simone de Beauvoir : « Si un individu s'expose sincèrement, toute le monde est concerné. »

Les tirets et les slashs respectent le texte d'origine. L'auteur a laissé des phrases ouvertes et propose parfois des choix.

ISBN : 978-2-85181-662-7
Titre original : *Detaljer*
© Lars Norén
© 2007 L'Arche *Éditeur*
86, rue Bonaparte, 75006 Paris
pour la version française
Tous droits réservés
contact@arche-editeur.com

La loi du 11 mars 1957 interdit les copies ou reproductions destinées à une utilisation collective. Toute représentation ou reproduction intégrale ou partielle faite par quelque procédé que ce soit sans le consentement de L'Arche est illicite et constitue une contrefaçon ; elle doit donc faire l'objet d'une demande préalable adressée à L'Arche.

Conception graphique de la couverture :
Susanne Gerhards

Lars Norén
Détails

Traduit du suédois par
Camilla Bouchet et Amélie Wendling

L'Arche

PERSONNAGES :

ERIK, *un éditeur*
ANN, *un médecin*
STEFAN, *un auteur de théâtre*
EMMA, *une femme qui aspire à devenir écrivain*

ACTE UN

UN

Une maison d'édition. Stockholm. Mai 1989.

ERIK. Entrez. *Courte pause.* Je vous en prie, asseyez-vous.

EMMA. Merci. *Elle s'assied. Pose son sac, dans lequel elle transporte tous ses papiers.*

ERIK, *qui s'assied également.* Très bien. *Courte pause.* Qu'est-ce que je peux faire pour vous ?

EMMA. Je ne sais pas. *Elle s'éclaircit la gorge.* Je vous ai envoyé un manuscrit il y a plusieurs mois, et maintenant je voudrais savoir si vous avez eu le temps de le lire. C'était un roman. *Elle s'éclaircit la gorge.* C'est un roman.

ERIK. Ah oui. Un roman. *Courte pause.* C'est ça. *Courte pause.* Pardon... quel est son titre maintenant ?

EMMA. Maintenant ? Maintenant il s'appelle *Lost and Found. Courte pause.* Ce serait peut-être mieux de l'appeler simplement *Lost. Courte pause.* Je voulais juste savoir si vous l'aviez lu.

ERIK. Je peux être... brutalement sincère ?

EMMA. Oui, s'il vous plaît. *Courte pause.* Vous ne l'avez pas lu. Ça ne fait rien.

ERIK. Je ne l'ai pas lu. Et là je suis sincère. Mais quelqu'un ici pourrait l'avoir lu. Je vais vérifier.

EMMA. Vous devez recevoir des tonnes de manuscrits minables que vous n'avez pas le temps de lire.

ERIK. On en reçoit beaucoup. Et effectivement, il est très rare de découvrir une Birgitta Trotzig [1] ou une Sara Lid-

1. Romancière et nouvelliste suédoise, elle a été élue membre de l'Académie suédoise en 1993.

man [1], ça arrive peut-être une fois tous les dix ans. Mais on ne sait jamais... *Courte pause. Lost and Found* ? C'est un bon titre anglais. *Courte pause.* Vous avez quel âge ?

EMMA. Vingt-six ans. *Courte pause.* Vous me trouvez trop vieille ? Pour être publiée ?

ERIK. Non. C'est ce que vous pensez ?

EMMA. On doit avoir moins de vingt ans pour être publié et remarqué.

ERIK. Pas ici. *Courte pause.* J'ai quarante-cinq ans.

EMMA. Ah oui. *Regarde autour d'elle.* C'est un très joli bureau. Tellement suédois.

ERIK. Oui, c'est vrai. C'était le bureau de mon père.

EMMA. Ça fait tellement suédois. Vous avez déjà publié quelque chose de Jayne Anne Phillips [2] ?

ERIK. Non. Je ne crois pas. On devrait le faire ?

EMMA. Je pensais que si vous n'aimiez pas mon roman peut-être que je pourrais lire ou faire des traductions pour vous. Je connais bien la littérature américaine contemporaine. J'ai vécu dix ans aux États-Unis. Je ne sais pas si je pourrais encore écrire en suédois. Ma grammaire suédoise est probablement assez délabrée aujourd'hui, étant donné que je pense et que je vis en anglais. J'ai étudié trois ans à Yale, la littérature, la sociologie et les Élisabéthains.

ERIK. Ah oui, les Élisabéthains. *Courte pause.* Vous vivez là-bas en ce moment ?

EMMA. À New Haven ? Pas du tout... Je vis à New York. Dans le quartier Alphabet City. Près de l'avenue B. À côté de Tompkins Square Park. L'un des pires quartiers de la ville. C'est vraiment la zone. Vous savez où c'est ?

1. Romancière suédoise, qui vécut de 1923 à 2004. Ces romans sont imprégnés par les thèmes de la solidarité et des changements sociaux.

2. Jayne Anne Phillips a publié son premier recueil de nouvelles *Black Tickets* en 1976 à l'âge de 26 ans.

ERIK. Vaguement. Je me souviens vaguement où c'est. *Courte pause.* East Village ?

EMMA. Non, Lower East. Ça fait neuf ans que je vis là. Sauf quand j'étais à Yale, bien sûr. À ce moment-là j'étais à New Haven.

ERIK. Comment se fait-il que vous habitiez New York ?

EMMA. J'ai rencontré un Américain, et je me suis mariée avec lui.

ERIK. Ah bon. Vous êtes donc mariée ?

EMMA. Oui. Je suis mariée. D'une certaine manière. Ce que je veux dire c'est que nous sommes sur le point de nous séparer. Je suis en train de divorcer si on veut. Je vais peut-être revenir vivre ici.

ERIK. Pourquoi ? *Courte pause.* Je veux dire pourquoi vous divorcez ? Bien que cela ne me regarde pas.

EMMA. Moi non plus. / Ça ne fait rien. *Pause.* J'imagine que c'est allé trop loin.

ERIK. Je sais. Quoi donc ?

EMMA. Le mariage, en tant que tel.

ERIK. C'est allé trop loin ? *Courte pause.* Votre roman parle de ça, de votre vie à New York ?

EMMA. Non, pas du tout.

ERIK. C'est pour ça que je vous ai posé ces questions. *Courte pause.* Il fait quoi ?

EMMA. Il est d'accord. *Courte pause.* Vous voulez dire ce qu'il fait dans la vie ? Vous demandez quel est son travail ?

ERIK. Oui. Il fait quoi ?

EMMA. Sean ? *Courte pause.* Pourquoi vous demandez ça ?

ERIK. Je ne sais pas. Je ne sais vraiment pas.

EMMA. C'est difficile à dire, ce qu'il fait vraiment. Il essaie de survivre. Il est musicien de jazz, pianiste, mais on ne peut pas vivre de ça. De temps en temps, il a son propre groupe. Ils jouent dans des petits clubs de Soho et de

Chelsea. Mais il a horreur de jouer pour des gens qui ne font que manger et boire et discuter.

ERIK. Du funk ?

EMMA. Du funk ? Il déteste le funk. Plutôt une sorte de fusion. Mais c'est déjà dépassé, ça aussi. Il a joué plusieurs fois avec John McLaughlin. Et Robert Fripp.

ERIK. Formidable. Bien. Je ne connais pas Robert Fripp. *Rires.* Je vais mourir avant vous.

EMMA. Vous ne connaissez probablement aucun des gens qu'il aime. *Rires.* Il a grandi avec une mère accro à l'héroïne, et quatre demi-frères et sœurs qui n'ont jamais connu leur père, ou presque.

DEUX

Les urgences à l'hôpital de Sabbatsberg. Une salle d'examen. Mai 1989.

STEFAN, *marche à travers la pièce, agité, irritable.* Putain de merde. Ça fait plus de trois heures que je suis ici. *Il s'assied.*

ANN, *entre, rit à quelque chose qui s'est passé dans le couloir.* Bonjour. Bon, voyons ça. *Elle regarde les papiers qu'elle tient dans la main.* Donc, vous avez des petits problèmes avec vos bronches ? C'est bien ça ?

STEFAN. Non, j'ai un cancer des poumons. Non, il y a quelque chose dans mes sinus, ou je ne sais quoi. Ça ne part pas. Je ne peux pas respirer. Et j'ai mal à l'estomac. Comme des crampes. Je suis malade, de partout.

ANN. OK. On va regarder ça. Pourriez-vous s'il vous plaît vous asseoir plutôt là ? *Elle montre une chaise, il se déplace, elle met ses gants en plastique et sort une petite lampe.* Pourriez-vous ouvrir la bouche ?

STEFAN. Oui, je peux.

ANN. Merci. *Elle regarde sa gorge.* Il y a un petit dépôt. Vous fumez ?

STEFAN. Oui, malheureusement. Je fume pas mal. Mais je cours six à sept kilomètres cinq fois par semaine. Est-ce vrai que les fumeurs risquent une infection chronique de la muqueuse gastrique ?

ANN. Cela ne me surprendrait pas. *Elle regarde dans ses oreilles.* Tout a l'air bien ici. *Elle penche sa tête vers l'arrière et éclaire ses narines.* Un peu enflammées peut-être. *Elle reste assise et immobile un moment comme si elle ne savait pas quoi faire après.* Je vais faire un prélèvement dans votre gorge. *Elle prend l'instrument.* Ça ne va pas être très agréable mais ça vaut le coup de le faire, c'est très rapide je veux dire. Pourriez-vous ouvrir la bouche encore une fois ? *Elle fait descendre l'instrument dans sa gorge et prélève rapidement quelque chose.* Merci. Très bien. *Elle met le frottis sur un petit plateau.*

STEFAN, *montre la base de son nez.* J'ai une putain de douleur là. Quand je me penche en avant. Quand je lace mes chaussures. Ou quand je ramasse quelque chose. Un papier. J'ai parfois des vertiges. Comme si j'allais m'évanouir. C'est grave ? J'ai eu une pneumonie au printemps dernier.

ANN. Qui sait ? Il vaut mieux que vous fassiez un bilan de santé complet. Je vais vous faire une lettre et vous pourrez prendre rendez-vous à l'accueil.

STEFAN. OK. Quand j'aurai le temps. J'ai trop travaillé. Je suis totalement épuisé. Je ne dors pas bien non plus. Je n'ai pas bien dormi depuis six mois. Parfois mon cœur bat si fort que ça en est flippant et alors je me sens encore plus mal. Parfois je dois m'allonger par terre pour essayer de me calmer. Mais après j'ai tout le temps peur que ça revienne. La dernière fois, j'ai appelé une ambulance mais quand elle est finalement arrivée, j'étais assez bien pour descendre tout seul à la voiture. Ça pourrait être cet épuisement dont tout le monde parle ? Je suis au bout du rouleau ? Est-ce que j'en ai les symptômes ? Je veux dire, plus je laisse traîner ça, plus ça prendra du temps pour m'en débarrasser ?

ANN. Cela pourrait être une combinaison d'un virus avec trop de travail. *Elle regarde ses papiers.* Vous avez trente ans.

STEFAN. Vingt-neuf. Je vais sur les trente. Je me sens comme si j'en avais cinquante. Je réalise tellement fort putain que tout va si vite. Mais j'imagine que c'est parce que je travaille trop. C'est sans doute ce truc à propos de ce qu'on aime et ce qu'on n'aime pas. Tant qu'on aime ce qu'on fait, on peut se donner à fond. Tous mes amis sont en train de divorcer en ce moment, et moi aussi. C'est parce qu'ils travaillent tellement qu'il ne leur reste plus de temps pour leurs relations. *Rires.* Laissez tomber, dehors, il y a sûrement des gens en train de crever qui ont besoin d'aide.

ANN, *le regarde, oublie qu'elle le regarde.* Que faites-vous comme travail ?

STEFAN. Classe ouvrière.

ANN. Pardon ?

STEFAN. Hypocondriaque. Non, écrivain. J'écris. *Sur le point de prendre une cigarette et de l'allumer mais se rappelle où il est.* J'ai écrit quelques pièces qui pourraient être produites au Dramaten [1] l'année prochaine, mais pour vivre je suis journaliste. Free-lance. Je prends tous les boulots que je trouve. Pour continuer d'apprendre. Mais je ne veux pas faire ça toute ma vie. Vous ne pouvez pas vraiment écrire ce que vous voyez. Je viens juste de terminer un boulot sur comment les gens seuls meurent dans cette ville. Ceux

1. Théâtre dramatique royal de Stockholm.

que personne n'accompagne jusqu'à la tombe, personne ne sait même qu'ils ont existé. Leur fin. Ce qui arrive après. D'un point de vue pratique. Très intéressant. J'ai suivi ces gars qui ramassent les restes. Ils m'ont dit que le pire c'était ceux qui se jetaient sous le métro. Il ne reste pas grand-chose. Parfois ils sont enroulés comme des fils à cause du frottement entre le quai et le métro, il n'y a donc aucun moyen de recoller les morceaux. Je devrais peut-être en faire quelque chose de plus grand, un livre... un livre à offrir à Noël. Mon dernier article parlait des transports funéraires, de ceux qui les conduisent au crématoire et qui les rendent un peu plus présentables en mettant sur eux le devant d'une chemise blanche, une paire de manches détachées, la moitié d'une veste si c'est un homme, ou juste le devant d'une robe si c'est une femme... un petit pull-over si c'est un enfant... comme une poupée de papier. Mais vous savez tout ça. *Pause.* Vous pensez que vous pourriez me prescrire quelque chose qui m'aiderait à dormir ? Je veux dire, peut-être vous pourriez me prescrire un somnifère efficace ? Peut-être du Rohypnol ? On m'a dit que ça marchait bien... D'habitude je ne prends rien par principe, mais il faut bien que je dorme un peu.

ANN. Oui, on va voir. *Elle regarde dans le Vidal.* Je vais vous prescrire un antibiotique que vous devrez prendre trois fois par jour pendant dix jours. Votre estomac sera peut-être sensible les premiers jours.

STEFAN. Pas grave. Je ne pourrais pas être beaucoup plus sensible.

ANN. Et peut-être aussi des vitamines. *Courte pause.* Multivitamines. *Pause.* À propos des somnifères, il y a une nouvelle pilule qui ne semble pas avoir d'effets secondaires notoires. *Courte pause.* Elle s'appelle Stillnox. *Courte pause.* Nom amusant. *Stefan rit.* Je vous prescris une boîte de vingt-cinq, 10 mg. Mais ça ne va résoudre aucun problème.

STEFAN. J'ai seulement des problèmes insolubles. *Courte pause.* Est-ce que vous ne pourriez pas m'en prescrire cent tout de suite ? Tant qu'à faire. Je traverse un divorce sanglant en ce moment. C'est de ma faute mais ça n'arrange rien. Au contraire. C'est assez dur.

ANN. Oui. Prenez rendez-vous à l'accueil pour un bilan de santé, et revenez dans deux semaines.

STEFAN. OK. Merci. *Courte pause.* Alors je vous reverrai ? *Se lève. Saigne du nez. Il touche le sang, regarde ses doigts.* C'est le sida ? / Ne me dites pas que c'est le sida ?

ANN. Le divorce peut-être.

TROIS

Ann, Erik, au Dramaten. Entracte. Première dans la Målarsalen [1]*. Mars 1990.*

ERIK, *à Ann qui revient des toilettes pour femmes et marche vers lui ; il se tient debout en haut des escaliers en fumant.* Alors ? *Courte pause.* Tu en penses quoi ?

ANN. Ce que j'en pense ? *Courte pause.* Ce que j'en pense ? *Courte pause.* Je ne sais pas. *Courte pause.* Est-ce que je dois en penser quelque chose ?

ERIK. Assez... je ne sais pas... inutilement esthétiquement violent, peut-être.

ANN. Je n'en sais rien. *Courte pause.* Ça ne laisse pas indifférent.

ERIK. Plutôt dégoûté/mal à l'aise. *Courte pause.* Tu en penses quoi ?

1. Målarsalen : c'est l'une des scènes du Dramaten. Anciennement, c'était l'atelier de peinture du Dramaten.

ANN. C'est parfois sympa/amusant de voir quelque chose de différent. (Je viens d'avoir mes règles).

ERIK. Pourquoi ?

ANN. Comme la scène où ils prennent leur petit déjeuner très tôt sur le vol SAS entre New York et Stockholm et qu'ils se rendent compte qu'ils ont été aux mêmes endroits plusieurs fois, mais à des moments différents. Je viens d'avoir mes règles.

ERIK. Non. *Courte pause.* Non.

ANN. Je ne les ai pas ? C'est quoi alors ? Et il sort son sexe et le pose entre le jus de tomate et le pain grillé sur le plateau-repas. C'était plutôt inattendu. *Souffle au loin sa fumée.* Au lieu d'un dialogue...

ERIK. Malheureusement, ils ne servent pas de jus de tomate sur les vols SAS. *Dégage la fumée du visage d'Ann.* C'est triste.

ANN. Ça ne fait rien. *Courte pause.* Je veux dire / tant que je saigne je suis en vie / de toutes façons. *Courte pause.* Tu en es sûr ?

ERIK. Oui, je n'ai jamais réussi à en avoir... Ou est-ce que c'est dans le X-2000 [1] ? *Courte pause.* C'est très triste.

ANN. Tu trouves ? *Courte pause.* Tu trouves que c'est triste ?

ERIK. Oui. C'est ce que je viens de dire. *Pause.* Tu veux partir ?

ANN. Partir ? *Courte pause.* On peut partir où ?

ERIK. À la maison. On peut rentrer à la maison.

ANN. Pourquoi ? *Salue quelqu'un.*

ERIK, *salue quelqu'un aussi.* Salut, salut. Si tu ne te sens pas très bien. *Courte pause.* C'est quelqu'un que tu connais ?

ANN. Non. Je salue tout le monde. *Courte pause.* Est-

1. X-2000 est le nom du train à grande vitesse exploité par la compagnie SJ (Statens Järnvägar).

ce qu'il t'est arrivé d'être seul, complètement seul, dans ton bureau, et d'essayer de rire, juste pour voir ce que tu ressens, juste pour entendre le bruit que ça fait quand tu ris tout seul ? *Courte pause.* Tu l'as fait ?

ERIK. Quelle question étrange. Pourquoi j'aurais fait ça ? Non, je ne l'ai jamais fait. Je ne pense pas. Pourquoi j'aurais fait ça ? *Courte pause.* Et toi ? Tu l'as fait ? Tu es restée assise seule, en train de rire, à ton bureau, juste pour entendre le bruit que ça fait ? *Change d'expression, lève la main et dit à Stefan qui vient vers lui.* Il me semble que tout va très bien.

ANN. Je ne suis jamais seule.

STEFAN. Vraiment ? *Marche nerveusement en fumant.* Tu en es sûr ? Ce n'est pas horriblement... je veux dire silencieux ? Je veux dire ils ne sont pas très silencieux ?

ERIK. Tu devrais être content. Ils écoutent.

STEFAN. C'est vraiment ce qu'ils font ? *Courte pause.* C'est vraiment ce qu'ils font ? *Fait un signe à Ann.* Tu en penses quoi ? *Courte pause.* C'est comment ?

ERIK. C'est vraiment intéressant. Très passionnant.

STEFAN. Vraiment ? C'est passionnant ? *Courte pause.* Oui, peut-être. Je m'en fous complètement.

ERIK. Ils écoutent profondément, comme je viens de dire. Ma femme disait à l'instant qu'elle trouvait ça merveilleux de voir quelque chose de différent. Ma femme, Ann. Elle s'appelle Ann. Stefan. Il a écrit la pièce. Stefan – Ann.

STEFAN. Bonsoir.

ANN. Oui, bonsoir. *Courte pause.* C'était quoi la musique à la fin ?

STEFAN. À la fin ? *Courte pause.* Il reste encore un acte.

ANN. Elle était si calme / courte.

STEFAN, *hoche la tête.* Je dois y retourner maintenant. À bientôt. On s'appelle.

ERIK. Tout va aller très bien.

STEFAN. Quoi ? *Courte pause.* Qu'est-ce qui va aller très bien ? *S'en va.*

ANN. C'était lui ?

ERIK. On publie sa pièce. Je ne sais pas pourquoi. *Courte pause.* Pourquoi est-ce qu'on devrait publier une pièce sur un journaliste de trente ans qui pense avoir été contaminé par une black mineure qu'il a rencontrée lors d'un reportage au Zimbabwe, qui a un fils qui est né avec un pied bot ? Je veux dire, le journaliste a un fils qui est né avec un pied bot. *Courte pause.* Au fait, tu veux boire quelque chose ?

ANN. Non, mon chéri. J'attendrai que l'on soit à la maison.

ERIK. OK. Bien. *Pause.* Comment allait Daniel ?

ANN. Julia allait l'accompagner à sa leçon de piano. Je lui ai dit qu'on pensait être à la maison vers 22 h 30.

ERIK. Au plus tôt. Il n'aime pas jouer du piano.

ANN. Est-ce qu'il y a quelque chose qu'il aime ?

ERIK. Est-ce qu'il y a quelque chose qu'il aime ? *Courte pause.* Je ne peux pas être sa mère.

ANN. Alors sois son père.

ERIK. Il aime faire de la voiture. On y retourne ? *Courte pause.* C'est quoi cette (putain de) pièce.

ANN. On fait trop peu l'amour.

ERIK. Ah, c'est ça le titre ?

ANN. On fait trop peu l'amour.

ERIK. Bien sûr.

ANN. Pourquoi ?

ERIK. On travaille trop.

ANN. Tu as détesté ça la dernière fois. Tu as détesté le faire la dernière fois que tu l'as fait. Pure haine. Ce n'était pas un acte sexuel. C'était de la maltraitance. Et...

ERIK. Je pensais que c'était ce que tu aimais.

ANN. Pas de cette façon-là. Non. Je n'aime vraiment pas. Je ne l'oublierai jamais.

ERIK. La prochaine fois on devra tout simplement faire plus l'amour, ou plus souvent.

ANN. Pourtant, je ne l'oublierai pas. La prochaine fois tu seras à Francfort, à la foire aux livres.

ERIK. Je descendrai au ---. Et en mai ?

ANN. Alors je serai à ce grand congrès médical à Göteborg. *Courte pause*. Tu pourrais me rejoindre là-bas. Si tu penses que ça en vaut la peine. *Courte pause*. Ils sont tous rentrés maintenant. Qu'est-ce qu'on fait ?

ERIK. On n'a qu'à la voir jusqu'au bout.

EMMA, *rentre, juste devant eux, s'arrête, porte avec elle son grand sac avec tous ses papiers*. Pardon. *Reconnaît Erik*. Salut.

ERIK. Salut. *Courte pause*. Bonsoir... Comment ça va ?

EMMA. Il y avait tellement de monde aux toilettes pour femmes. Je travaille à la librairie de Hedengren. Au sous-sol. Rayon des livres universitaires.

ERIK. Formidable. À Stureplan ?

EMMA. Oui, passez acheter un livre.

ERIK. Oui, je le ferai peut-être.

EMMA. Bien, au revoir. *Rentre dans la salle*.

ANN. Qui c'était ? Quelqu'un que tu connais ?

ERIK. Non. *Courte pause*. C'est une fille qui m'a déposé un manuscrit, il y a plusieurs années je crois.

ANN. Elle est très belle. Vous l'avez édité ?

ERIK. Je ne crois pas. Non, on ne l'a pas fait. Il n'était pas du tout fini.

ANN. Elle est vraiment très belle. *Courte pause*. Elle est malade.

ERIK. Ah oui ?

ANN. Tennis blanches, jambes minces, robe noire.

Quatre

La librairie de Hedengren. Stefan est à l'extérieur regardant à travers la vitrine. Il l'observe. Pas consciente que quelqu'un la regarde, elle déplace un livre pour l'aligner avec le coin de la table afin que tous les livres soient rangés dans une belle harmonie. Mai 1990.
Un jogger avec un débardeur rose délavé tâché par la sueur, short noir. Un skinhead, trente ans à peu près, court devant la vitrine ou est à l'intérieur de la librairie – ce mouvement se répète à l'infini dans la vitrine.

STEFAN, *rentre à l'intérieur, puis marche lentement et regarde autour de lui. Emma est plus loin dans le magasin. Après un temps, il va vers elle.* Pardon.

EMMA, *se retourne violemment.* Quoi ? *Courte pause.* Mon Dieu, vous m'avez fait une de ces peurs.

STEFAN. Je suis désolé. Je ne peux pas m'en empêcher. Je suis comme ça. *Courte pause.* Vous travaillez ici ?

EMMA. Provisoirement. *Courte pause.* Je veux dire, oui. *Courte pause.* Je suis embauchée ici en extra.

STEFAN. OK.

EMMA. Quoi ?

STEFAN. OK. Je devrais acheter une paire de lunettes de soleil. C'est ce que j'ai pensé. Mais le magasin n'est pas encore ouvert. De l'autre côté de la rue. Dans la rue Grevturegatan. Même s'il est écrit sur la vitrine qu'ils ouvrent à dix heures. Ils ont des lunettes Armani pas mal à l'intérieur. Je suis resté devant et je les ai regardées à travers la vitrine. Une vendeuse était là. J'ai frappé à la vitre. Elle me tournait le dos. J'ai frappé à la vitre plusieurs fois, deux fois, mais elle ne m'a pas entendu. *Courte pause.* Vous pourriez m'aider ? C'est juste une question.

EMMA. Bien sûr. À quel sujet ? *Courte pause.* En quoi je peux vous aider ?

STEFAN. Je voudrais juste vous demander une chose.

EMMA. Oui ? *Courte pause.* Quoi donc ?

STEFAN. Oui. *Courte pause.* Est-ce que vous avez des livres sur le sida, ou le HIV ?

EMMA. Sur le sida ? Ou le HIV ? *Courte pause.* Oui, je crois. Ils devraient être au rayon médecine. Vous avez regardé là-bas ?

STEFAN. Non. *Courte pause.* Au rayon maladie ? C'est une maladie ?

EMMA. Non, en médecine.

STEFAN. Mais il n'y a pas de médicament pour ça.

EMMA. Si on a quelque chose, c'est dans ce rayon.

STEFAN. OK. Merci. Sympa de votre part. *Va vers là-bas et regarde des livres, en trouve quelques-uns, elle continue ce qu'elle était en train de faire.*

Pause. Stefan, revient, passe devant elle.

EMMA, *le regarde.* Salut.

STEFAN. Oui, salut.

EMMA. Vous avez trouvé ?

STEFAN. Quoi ?

EMMA. Des livres sur le sida ?

STEFAN. Ah ouais, c'est vrai. *Courte pause.* Oui, je crois. Merci. *Essuie son nez.* Je peux vous demander quelque chose ?

EMMA. Oui... bien sûr.

STEFAN. Je peux ?

EMMA. Oui. Quoi donc ?

STEFAN. Vous sortez avec quelqu'un ?

EMMA. Ah d'accord. *Courte pause.* Oui.

STEFAN. Avec qui ? *Courte pause.* Avec qui ?

EMMA. Avec qui je sors ?

STEFAN. Oui.

EMMA. Je suis mariée. *Courte pause, dégage ses cheveux*

de son front, un geste qu'elle fait souvent. Il est américain.

STEFAN. Il habite en Amérique, aux USA ? *Courte pause.* En Californie ?

EMMA. Non, il n'est jamais allé en Californie.

STEFAN. Non ? *Pause.* OK. Merci. *Courte pause.* OK. *Courte pause.* Une chose encore.

EMMA. Bien sûr.

STEFAN. C'est OK ? Si je vous demande encore une chose ? C'est OK ? *Courte pause.* Si je demande encore une chose ?

EMMA. Bien sûr.

STEFAN. Vous faites quoi après ?

EMMA. Quand ? *Rires.*

STEFAN. Plus tard, après... quand vous avez fini... je veux dire, ici. *Courte pause.* Vous finissez quand ?

EMMA. Ici ? À 6 heures.

STEFAN. À 6 heures ? *Courte pause.* Et après vous allez faire quoi ?

EMMA. Ce soir ? Et bien... je pensais aller au cinéma. J'avais prévu d'aller voir un film.

STEFAN. Pourquoi pas ? Ça fait longtemps que je ne suis pas allé au cinéma. Le dernier film était sans doute (*La Liste de Schindler*). Vous l'avez vu ? Vous l'avez vu à --- ? Tout le monde est resté assis à la fin. Personne ne voulait se lever pour partir. Certains pleuraient. Je pleurais. C'était tellement beau. J'ai pleuré parce que c'était tellement beau. Ça a pris au moins un quart d'heure avant que quelqu'un ait la force de se lever pour partir. Vous l'avez vu ? Vous étiez là ?

EMMA. Non. C'était bien ?

STEFAN. C'était bien. C'était si bien que les gens pleuraient. *Courte pause.* Vous pensiez aller voir quoi ce soir ?

EMMA. Je ne sais pas vraiment. Je n'ai pas encore décidé. *La Leçon de piano.* Peut-être.

STEFAN. Vous aimez quoi ?

EMMA. J'aime... j'aime... fuir.

STEFAN. Quel genre de film, je veux dire. Vous aimez quel genre de film ?

EMMA. Eh bien, *La Leçon de piano*, je crois. Je crois que j'aime bien ce film. J'aime Janet Frame. Elle a écrit le scénario. J'ai travaillé sur des scénarios de cinéma. Je lis des scénarios de cinéma. Je lis cinq, six scénarios par semaine. La plupart sont nuls. Je crois que je vais le voir quand même. Vous voulez venir ?

STEFAN. Au cinéma ? *Courte pause.* Oui. Absolument. *Courte pause.* Pourquoi pas ? *Courte pause.* Je vous attends dehors ?

EMMA. Non. N'attendez pas dehors. Attendez-moi au cinéma. Au cinéma *Grand*. Attendez-moi là-bas.

CINQ

Café Thalia, rue Nybrogatan, juin 1990.

ERIK, *assis à une table, en train d'attendre, buvant un expresso, fumant. Il voit Emma arriver à travers la fenêtre. Elle gare son vélo, stressée. Il se lève à son entrée. Il lui fait signe..* Ici. Je suis ici. *Elle vient vers lui.* Bien. C'est gentil d'être venue.

EMMA. Vous me l'aviez demandé, n'est-ce pas.

ERIK. Oui. Oui, c'est vrai. *Courte pause.* Tu veux t'asseoir là ? De l'autre côté.

EMMA. Oui, très bien. À moins que tu ne veuilles t'asseoir là.

ERIK. Non. Je suis assis ici. *Ils s'assoient.* Comment ça va ?

Tu veux quelque chose ? Tu veux un expresso ou un... café au lait [1] ?

EMMA. Oui, s'il te plaît.

ERIK. Un expresso ?

EMMA. Non, un cappuccino. *Courte pause.* Peu importe.

ERIK. Un cappuccino alors ?

EMMA. Oui. Merci.

ERIK. OK. *Courte pause.* Du sucre ? Tu prends du sucre ?

EMMA. Du sucre ? Non merci, pas de sucre.

ERIK. Pas de sucre ? Bien. *Il se lève.*

EMMA. Tu t'en vas ?

ERIK. Non, non. Je vais juste chercher ton cappuccino... au comptoir là-bas.

EMMA. Je peux le faire.

ERIK. Pas du tout. Je vais le chercher. *Il marche jusqu'au comptoir, commande un cappuccino, attend, puis revient.* Je n'aime pas cet endroit. Voilà pour toi.

EMMA. Merci. Moi non plus. *Courte pause.* J'ai cru que tu t'en allais.

ERIK. Non, j'allais juste chercher ton cappuccino.

EMMA. Merci. *Regarde le sucrier qu'il a à la main.* Tu as quand même apporté du sucre.

ERIK. Ah oui ? Pardon. Je dois être nerveux.

EMMA. Vraiment ? Mon Dieu... pourquoi ?

ERIK. Je ne sais pas. Qui sait. *Courte pause.* Il y a un nouveau café à l'entrée du NK [2] si tu entres par la PK-huset [3], c'est... plutôt agréable. Un peu différent. On est assis sur des tabourets de bar autour d'un bar carré et on peut voir quand ils font du café et des jus de fruit et... c'est plutôt agréable de s'asseoir là-bas et de regar-

1. En français dans le texte.

2. NK (abréviation de Nordiska Kompaniet : la Compagnie Nordique) : grand magasin du centre de Stockholm.

3. Centre commercial.

der les gens passer. On a l'impression d'être dans une grande ville européenne... Paris ou Bruxelles. Tu es allée là-bas ?

EMMA. Je ne crois pas. *Courte pause.* Comment ça s'appelle ?

ERIK. Justement, je n'arrive pas à m'en souvenir. Un bon ami d'Amsterdam, un traducteur, m'a dit qu'il venait là le matin quand il était à Stockholm pour prendre un expresso et lire le journal parce qu'il avait l'impression d'être toujours en Europe. L'expresso est très bon.

EMMA. Ton expresso ?

ERIK. Non, le leur. Ils font un très bon expresso. Très bon.

EMMA. Ah bon. *Regarde les cigarettes menthol d'Erik.* Tu fumes ces cigarettes-là ?

ERIK. Parfois. De temps en temps. J'essaie de me convaincre qu'elles sont meilleures pour moi, plus pures.

EMMA. Plus saines.

ERIK. Oui, c'est vrai, plus saines. Tu en veux une ?

EMMA. Non merci.

ERIK. OK. En fait, c'est mon meilleur ami. Je le connais depuis 74. Il vient ici à peu près une fois par an. Calviniste, juif, homosexuel. Toujours déprimé, dépressif, amer, méprisant, il déteste tout, particulièrement la Suède. C'est stimulant. Ça me force à argumenter de manière positive et optimiste, ce dont je n'ai pas l'habitude. Il suit pour nous tout ce qui se passe en littérature aux Pays-Bas, en France et en Belgique. Parfois il traduit l'un de nos romans en hollandais, même s'il pense qu'ils sont exécrables. Je ne sais pas si je peux l'appeler mon meilleur ami. Pour être honnête, en fait, c'est mon seul ami. Il s'appelle Luc. Tu n'aimes pas ton cappuccino ?

EMMA. Pardon, j'ai oublié. Pourquoi tu voulais me voir ?

ERIK. Oui, pourquoi je voulais te voir ?

EMMA. Oui.

ERIK. Oui, pourquoi je voulais te voir ? *Courte pause.* Pourquoi crois-tu que je voulais te voir ?
EMMA. Je ne sais pas.
ERIK. Tu ne sais pas ?
EMMA. Non.
ERIK. Non. *Pause.* Tu es en pause déjeuner ?
EMMA. Quoi ?
ERIK. Tu as combien de temps pour déjeuner ?
EMMA. Ah d'accord... j'ai jusqu'à... jusqu'à 2 heures. Une heure. *Courte pause.* Quelle heure il est maintenant ?
ERIK. 1 h 25. Quel décor horrible. Ils ont même eu un prix pour ça. Tu veux un autre cappuccino ?
EMMA. Je n'ai pas encore fini celui-ci.
ERIK. Alors finis-le.
Pause.
EMMA. Est-ce que je peux avoir une cigarette ? Une de tes cigarettes menthol ?
ERIK. Bien sûr. *Lui donne une cigarette, l'allume pour elle.*
EMMA. Merci.
Pause.
ERIK. Comment ça va ?
EMMA. Bien.
ERIK. Bon. J'ai pensé à toi.
EMMA. Tu as dit quoi ?
ERIK. J'ai pensé à toi. *Courte pause.* J'ai pensé à toi.
EMMA. Pourquoi ?
ERIK. Pourquoi ?
EMMA. Pourquoi tu as pensé à moi... je veux dire.
ERIK. Je ne sais pas. *Courte pause.* Pourquoi est-ce qu'on pense à quelqu'un ?
EMMA. Oui. *Pause.* Tu as pensé quoi ?
ERIK. Uhm. *Courte pause.* Ce que j'ai pensé ? *Courte pause.* Tu habites où ?
EMMA. Quoi ? Où est-ce que j'habite ? Et bien... j'habite... une amie me prête un appartement pour

l'instant... je veux dire elle me le prête pour l'instant. Elle a trouvé un deux pièces. Rue Vanadisvägen. C'est juste un petit studio. Je la connais depuis le lycée. Elle est photographe. Au musée régional. Il est collé à l'église Matteus. C'est vrai. Mur contre mur. Rue Västmannagatan. Parfois on entend chanter de l'autre côté pendant les offices. C'est comme s'ils traversaient les murs. Il appartient à ses parents. Je pense qu'ils veulent le vendre. Ils sont propriétaires. Je peux rester là pour l'instant. Tout ce que je possède est stocké dans un entrepôt du New Jersey. Tous mes livres et mes meubles. Tu habites où ?

ERIK. J'habite rue Jungfrugatan. J'habite dans le même appartement depuis treize ans. J'aimais bien vivre là-bas. Maintenant, je n'aime plus. L'année dernière une jeune famille a aménagé en dessous de chez moi. Ça aurait pu être agréable mais ça a changé toute l'ambiance de l'immeuble. Ils jettent des mégots dans la cour depuis leur balcon. Ils disent à peine bonjour. Ils ont réservé les machines à laver tous les samedis jusqu'à Noël. Ils ne renvoient jamais l'ascenseur en bas après l'avoir utilisé. Je ne comprends pas pourquoi c'est si énervant, mais ça l'est. Et puis ils ont un bébé énorme qu'ils... qu'ils... Non, désolé. Je m'excuse. Il ne faut pas dire des choses méprisantes sur l'apparence des gens, et surtout pas sur l'apparence des petits bébés. D'habitude je ne le fais jamais. N'est-ce pas ?

EMMA. Je ne sais pas. Je n'ai pas d'enfants.

ERIK. Non. Tu n'as que vingt-six ans.

EMMA. Vingt-sept.

ERIK. Vingt-sept ? J'ai quarante-cinq ans. Non, quarante-six. *Courte pause*. Tu as pensé à moi ?

EMMA. Oui.

ERIK. Tu l'as fait ? Vraiment ?

EMMA. Bien sûr.

ERIK. C'est vrai ? *Courte pause.* Tu as pensé quoi ? *Pause.* Tu vas faire quoi cet été ?

EMMA. Ah... cet été ?

ERIK. Oui. Tu vas voyager ?

EMMA. Je vais peut-être partir, je ne sais pas, en Irlande, et après j'irai en France, avec mon petit ami, je crois. Je crois que je vais faire ça.

ERIK. C'est bien. *Courte pause.* Ça a l'air génial. *Courte pause.* En bateau ?

EMMA. Oui, depuis l'Irlande. *Courte pause.* Jusqu'en France. Le Havre.

ERIK. Génial. Je ne suis jamais allé en Irlande. Assez bizarrement. *Courte pause.* J'espère que ce sera sympa.

EMMA. Je l'espère aussi.

ERIK. J'en suis sûr. Il s'appelle comment ?

EMMA. Daniel ?

ERIK. Daniel ? Il s'appelle Daniel ?

EMMA. Oui.

ERIK. Mon fils s'appelle Daniel. J'espère que tu ne pars pas avec mon fils ?

EMMA. Je ne crois pas.

ERIK. Non. Il n'a que six ans. Il ne va pas en Irlande cet été. Peut-être l'été prochain. Qui sait ? Cet été il va passer quelques semaines avec son meilleur ami en Provence. Il travaille au ministère des Affaires étrangères. Enfin, le père de son meilleur ami travaille au ministère des Affaires étrangères. C'est lui qui travaille au ministère des Affaires étrangères. Il est secrétaire d'État. Un expert du Moyen-Orient, de l'économie du Moyen-Orient, de l'économie moyen-orientale. Il paraît que c'est un bon cuisinier. Ce n'est pas vraiment le père de son meilleur ami mais le nouveau père de son meilleur ami, depuis à peu près un an. Les parents de son meilleur ami sont séparés. Le deuxième père de son meilleur ami travaille aussi au ministère des Affaires étrangères, il est aussi secrétaire d'État, mais c'est un expert des questions baltiques, de l'économie des pays baltes, de l'économie baltique. C'est aussi un bon cuisinier. Ils ont loué une grande villa à la frontière espagnole. Il y a une piscine sur la terrasse. Mais ils vont aller sur la Côte d'Azur pour se baigner dans la mer. Depuis leur terrasse, ils peuvent voir jusqu'en Espagne. Je croyais que ton petit ami s'appelait Sean.

EMMA. Non, Daniel. Sean n'est pas mon petit ami. C'est mon mari. Je veux dire, c'était mon mari.

ERIK. Je vois. *Pause.* Daniel et moi avons découvert l'autre jour qu'il n'y avait que trois enfants dans sa classe, il est au CP à l'école d'Eira, dont les parents n'avaient pas divorcé. Quant à moi, je vais trois semaines à Skagen [1] en juillet. Avec ma femme. Elle est médecin. Sa famille est juive. Du côté de son père. Ce n'est pas exactement comme si c'était du côté de sa mère. Son père est venu ici tout seul quand il avait treize ans, en 36, depuis Potsdam. Il a perdu toute sa famille à Auschwitz sauf un lointain cousin. Oui, je crois que tu l'as rencontrée. Au Dramaten. *Courte pause.* Je pourrais te revoir cet automne ?

EMMA. Cet automne ?

ERIK. Quand tu seras de retour d'Irlande. C'est possible ?

EMMA. Je ne sais pas si je serai en Suède à ce moment-là. Je dois retourner à New York. Je dois renouveler ma green card. Elle expire en novembre je crois.

ERIK. Ma femme est à Londres.

EMMA. Cet automne.

ERIK. Non, en ce moment, ce week-end. Elle aide sa sœur

1. Ville danoise, la plus au nord du Jutland, rendue célèbre par la vivacité de l'école picturale à laquelle ce petit village de pêcheurs du XIXe siècle a donné son nom.

à préparer son mariage. Elle va se marier à l'Abbaye de Westminster, avec un Anglais. Il est ergonome. Il a l'air sympathique. Très anglais. Il sourit tout le temps.

EMMA. Oui, ils sont doués pour ça, les Anglais.

ERIK. L'ergonomie ?

EMMA. Non, pour sourire. Les Américains aussi.

ERIK. Pourquoi ?

EMMA. C'est dans leur... vocabulaire, j'allais dire. Il se peut que je reste à New York. Je travaille vraiment bien là-bas. C'est comme un sanctuaire.

ERIK. Un sanctuaire ?

EMMA. Quoi ?

ERIK. Le mot « sanctuaire ». Ce n'est pas un mot qu'on entend souvent.

EMMA. Chaque été on se demande si la ville tiendra une année de plus. Je dois y aller maintenant. Maintenant je dois y aller.

ERIK. Je sais. *Se lève.* Je crois que je vais marcher avec toi jusqu'à la librairie, si cela ne te dérange pas.

EMMA. Non, avec plaisir. *Au moment où ils quittent la table.* Pourquoi tu as dit que tu allais mourir avant moi ?

ERIK. J'ai dit ça ? Quand ?

EMMA. Oui, tu as dit que tu allais mourir avant moi... quand je t'ai donné mon roman.

ERIK. J'ai dit ça ? *Courte pause.* Mon Dieu... je n'en ai aucune idée.

SIX

Ann, Erik, dans leur appartement, juin 1990.

ANN. Où as-tu acheté ce pesto ?

ERIK. À Ciaociao. *Courte pause.* Pourquoi ? Il n'est pas bon ?

ANN. Je trouve qu'il y a trop d'huile.

ERIK. Tu trouves ? Oui, peut-être.

ANN. Le pesto est bien meilleur au magasin espagnol de la rue Odengatan.

ERIK. Vraiment ? *Il sourit.* Ça fait longtemps que je n'y suis pas allé.

ANN. Bref, ils ne mettent pas toute cette putain d'huile. *Pause.* Quoi ? À quoi tu souris ?

ERIK. À rien. Autant que je sache. Tu pourrais me passer les tomates ?

ANN. À quoi tu souris ?

ERIK. Je souris ? Je ne sais pas. *Courte pause.* Pourquoi tu me demandes ça ?

ANN. Tu es fatigué ?

ERIK. Non, pas du tout. Je ne suis pas fatigué. *Courte pause.* J'ai l'air fatigué ? *Courte pause.* Tu trouves que j'ai l'air fatigué ? *Courte pause.* Tu veux dire quoi ?

ANN. Je ne veux rien dire. Je demandais juste si tu étais fatigué.

ERIK. Non, pas du tout.

ANN. Tu es quoi alors ?

ERIK. Qu'est-ce que tu dis ?

ANN. Tu veux encore de la mozzarella ?

ERIK. Non, merci. Je ne crois pas.

ANN. Alors je la prends.

ERIK. Vas-y.

ANN. Sûr ?

ERIK. Absolument.

ANN. Tu n'en veux plus ?

ERIK. Non merci.

Pause.

ANN. À quoi tu penses ?

ERIK. À rien. *Courte pause.* Je ne sais pas à quoi je pense. *Courte pause.* À quoi tu penses ?

ANN. Je pense à ce que tu penses.

ERIK. Je pense à quoi alors ?

ANN. Comment je pourrais le savoir ? Tu ne sais pas à quoi tu penses ?

ERIK. Je ne pense à rien de spécial.

ANN. Tant mieux.

ERIK. Est-ce que j'ai l'air de penser à quelque chose de spécial ?

ANN. Je ne sais pas. De quoi a-t-on l'air quand on pense à quelque chose de spécial ?

ERIK. Je ne sais pas. *Courte pause.* Je pensais qu'on a peut-être un air spécial quand on pense à quelque chose de spécial.

ANN. Tu es ironique ?

ERIK. Non. *Pause.* Je peux voir entre tes jambes quand tu t'assois comme ça.

ANN. Tu peux ?

ERIK. Oui.

ANN. Tu vois quoi ?

ERIK. Tout je crois.

ANN. Tu aimes ça ?

ERIK. Oui. Absolument.

ANN. Daniel veut un skateboard pour son anniversaire.

ERIK. Alors il l'aura.

ANN. Au fait, j'ai parlé à Toscana Holidays aujourd'hui.

ERIK. Ah bon ? Bien.

ANN. Tout est fait. On va louer une maison à Marina di Pisa pendant trois semaines à partir du 2 juillet. C'est une maison de 70 m^2, avec trois chambres, une salle à manger, une cuisine moderne équipée, une entrée et une salle de bains, et derrière, il y a un joli petit patio avec des figuiers, où l'on peut prendre son petit déjeuner et où un homme et une femme peuvent avoir des relations sexuelles sans être dérangés.

ERIK. Formidable. Ça a l'air bien. *Courte pause.* Qu'est-ce que tu dirais de traverser en voiture la Yougoslavie pour rejoindre l'Italie ? À travers la Macédoine ?

ANN. La Macédoine ?

ERIK. C'est beau.

ANN. Mais putain de quoi tu parles ? Merde, pourquoi est-ce qu'on traverserait la Macédoine pour aller en Italie ?

ERIK. C'est beau. J'aime ce coin-là.

ANN. Tu es fou. *Pause.* Putain, ça n'est pas aussi beau que ça. En plus il va y avoir une guerre en Yougoslavie.

ERIK. Tu crois ? Je reprendrais bien du pesto.

ANN. Il va y avoir une putain de guerre épouvantable qui va durer des années pour qu'on ne rate rien. *Courte pause.* Merde, pourquoi est-ce qu'on traverserait la Macédoine pour aller en Italie ?

ERIK. C'est beau. J'aime ce coin-là. *Courte pause.* Tu en veux plus ?

ANN. Plus de quoi ? Je n'ai encore rien eu.

ERIK. Plus de vin. Tu veux plus de vin ?

ANN. Plus de vin, oui, absolument, plus de vin. Merci.

ERIK. Avec plaisir.

Pause.

ANN. Comment ça va ? Tu as fait quoi aujourd'hui ?

ERIK. Ah. *Courte pause.* Ce que j'ai fait aujourd'hui ? Comme d'habitude j'imagine. Quelques réunions. Complètement inutiles. Sur le fait qu'on va encore déménager. On va monter l'ensemble du personnel éditorial d'un étage et descendre le département financier d'un étage. Exactement le contraire de ce qu'on a fait il y a trois ans. Puis j'ai eu une réunion avec un graphiste à propos du design de la nouvelle collection de livres de poche. Puis j'ai eu une autre réunion avec notre nouveau patron, parce qu'il avait déjà décidé à quoi devait ressembler la nouvelle collection de livres de poche, malgré le fait que j'en sois l'éditeur. Et puis j'ai eu une réunion avec l'un de nos lecteurs, qui m'a dit : je ne veux pas vous prendre de votre temps, mais vous êtes mon directeur, je suis employé ici depuis neuf ans et vous ne m'avez jamais parlé. J'ai demandé à vous voir parce que je veux savoir ce que vous pensez de moi. Qu'est-ce que vous pensez de moi ? Du bien, ai-je dit. Je pense que vous avez un excellent jugement et je... je pense que vous formulez vos jugements d'une manière très objective et juste. Je m'en fous de mon jugement, a-t-il dit. Je veux savoir ce que vous pensez de moi, en tant que personne, en tant qu'être humain. Je veux savoir ce que vous pensez de moi en tant qu'être humain. *Courte pause.* En tant qu'être humain ? *Courte pause.* Oui, en tant qu'être humain... Je ne sais pas quoi dire. Non, c'est ça le problème. Et il est parti. *Pause.* Voilà à peu près ce que j'ai fait. Et toi ?

ANN. Rien d'autre ?

ERIK. Je ne m'en souviens pas. *Courte pause.* Tu as fait quoi ?

ANN. Je suis médecin. Que fait un médecin ?

ERIK. Je ne sais pas. Guérir les gens je suppose / Soigner les gens malades je suppose.

ANN. Non, elle ne fait pas ça. Elle essaie de maintenir les choses ensemble.

Pause.

ERIK. Tu as raison. Il y a beaucoup trop d'huile dans ce pesto.

ANN. C'est ce que je disais.

ERIK. Tu avais raison. *Pause.* Il s'est passé quelque chose aujourd'hui ?

ANN. Oui. Vers 2 heures de l'après-midi un homme, d'une trentaine d'années, est entré en titubant dans le hall... aux urgences...

ERIK. Ah oui ? *Courte pause.* Et ensuite ?

ANN. Il portait un bidon rempli de cinq litres d'essence.

Courte pause. Au moins. C'est beaucoup. *Courte pause.* Il a dévissé le bouchon et a renversé l'essence sur lui. Après il a sorti un briquet. Il n'a pas dit un mot. Quelqu'un de l'accueil a appelé mon service, puis l'homme de la sécurité, qui déjeunait à la cantine et qui a appelé la police et les pompiers. Je suis sortie. Je ne savais pas quoi faire. J'ai essayé de lui parler. Je n'ai pas osé m'approcher à moins de cinq mètres de lui. Mais j'ai quand même essayé de le persuader de lâcher son briquet, j'ai demandé s'il y avait quelqu'un à qui il voulait parler, s'il voulait boire quelque chose, s'il avait faim. Il n'a pas répondu. Il n'a pas dit un seul mot. Je ne sais même pas s'il comprenait ce que je disais. Les pompiers sont arrivés au bout d'un temps et ils ont commencé à préparer l'évacuation et ils m'ont dit de quitter les lieux mais je ne pouvais pas. Je ne pouvais pas bouger. Je ne sais pas combien de temps on est resté comme ça.

ERIK. Et après ? Il s'est passé quoi après ?

ANN. Je ne sais même pas s'il m'a vue. Il portait un T-shirt blanc et des tennis qu'il n'avait pas... attachées. *Courte pause.* Il était peut-être Kurde ou... du Honduras. *Courte pause.* Après ? Après il a allumé le briquet et a commencé à brûler.

ERIK. Mon Dieu. *Pause.* Il est mort ?

ANN. À ton avis ?

ERIK. J'espère qu'il est mort. Sinon quelle douleur.

ANN. Oui. Il est mort. *Courte pause.* J'ai appris après par la police qu'il était déjà allé à l'hôpital plus tôt dans la journée et qu'il avait essayé de convaincre les psy, qu'il se sentait mal et qu'il avait besoin d'aide, mais ils n'étaient pas d'accord. Il était placé dans un foyer pour réfugiés et attendait une réponse pour son permis de séjour.

ERIK. Et bien, maintenant il l'a eue. *Pause.* Tu veux en parler ?

ANN. C'est ce que je suis en train de faire ! Je suis en train d'en parler ! *Courte pause.* Je suis en train d'en parler.

ERIK. OK.

ANN. Tu ne te rappelles vraiment pas ce que tu as fait ?

ERIK. Bien sûr que si. Je te l'ai déjà dit. *Longue pause.* On pourrait peut-être leur demander de mettre Daniel dans un avion à Marseille et le récupérer à Pise.

ANN. Bien sûr. *Courte pause.* Si tu ne penses pas que nous pourrions avoir un peu plus de temps pour nous, juste toi et moi.

ERIK. J'avais pensé à la dernière semaine.

ANN. Ce sont les seules vacances que j'ai. *Pause.* On pourrait prendre le train pour Florence et rester là-bas quelques jours... dans le monastère près de Fiesole, où l'on était il y a neuf ans, quand on venait de se rencontrer. Tu te souviens ?

ERIK. Bien sûr que oui. *Courte pause.* Je me rappelle que la nourriture était très mauvaise.

ANN. On ne va pas manger là-bas, idiot. On va simplement se souvenir. *Pause.* En tout cas, je n'oublierai jamais la chambre qu'on avait. C'est la plus belle chambre que je n'ai jamais eue. Elle était si paisible et harmonieuse. Si propre et calme. Il y avait un grand ventilateur au plafond qu'on pouvait manœuvrer depuis le lit. Quand on se réveillait, on entendait les chants de la messe. Et quand on ouvrait les portes du balcon, tout Florence brillait à nos pieds. Comme un souvenir.

Sept

Librairie de Hedengren, décembre 1990.
Ann se promène au sous-sol de la librairie, cherche quelque chose, puis va vers Emma, qui est derrière le comptoir d'information. Elle regarde Emma pendant un long moment avant qu'Emma ne réagisse.

EMMA. Pardon.
ANN. Excusez-moi.
EMMA. Oui ?
ANN. J'aimerais savoir s'il vous serait possible de m'aider, peut-être. Je cherche un roman de... Paul Auster. Je crois que le titre est la *Trilogie newyorkaise*. Est-ce que ce serait possible ? Je ne sais pas s'il s'agit d'un seul roman ou de trois romans totalement différents ?
EMMA. Non.
ANN. Vous le savez ?
EMMA. Désolée, non, je ne crois pas.
ANN. Je ne sais pas non plus. Vous croyez l'avoir ?
EMMA. Je ne sais pas mais je vais regarder. Vous avez regardé au rayon roman ?
ANN. Bien sûr.
EMMA. Et vous ne l'avez pas trouvé là ?
ANN, *après un petit moment*. Non. C'est exact. On pourrait penser que ce sont trois romans totalement différents. C'est un bon auteur ?
EMMA. Qui ? Paul Auster ? Je ne sais pas.
ANN. Mon mari... je pensais le lui donner. Mon mari. Comme cadeau de Noël. *Courte pause*. Vous faites quoi ?
EMMA. Je cherche dans l'ordinateur. *Pause*. Je ne crois pas qu'on l'ait. On ne dirait pas. *Regarde Ann*. Je suis désolée.

ANN. C'est vraiment dommage. *Courte pause.* Je peux vous demander...

EMMA. Me démonter ?

ANN. Non, vous demander. J'ai dit vous demander. Je n'ai pas dit vous démonter.

EMMA. Je croyais que vous aviez dit démonter, me démonter.

ANN. Non. Pourquoi je vous ferais ça ?

EMMA. Je ne sais pas.

ANN. Je ne voulais pas vous démonter, je voulais juste vous demander s'il existait en anglais.

EMMA. Je suppose que oui. Il existe sûrement en anglais. Mais on ne l'a pas encore reçu, désolée. Je peux vous le faire envoyer, si vous voulez. Mais vous ne l'aurez pas avant janvier.

ANN. Ça semble un peu désespéré de donner un cadeau de Noël en janvier, non ?

EMMA. Oui, bien sûr.

ANN. Bon. Il y a peut-être un autre livre que vous pourriez me conseiller. Dans le même genre.

EMMA. Quel genre ?

ANN. Et bien, le genre roman. Il doit bien y avoir quelque chose.

EMMA. Il fait quoi ?

ANN. Il fait quoi ? *Courte pause.* Quelle importance ?

EMMA. Je veux dire, qu'est-ce qu'il aime... qu'est-ce qu'il aime... lire ?

ANN. Lire ? Je ne sais pas. Je ne sais plus. Je croyais qu'il aimait Paul Auster. En tout cas, il a parlé d'Auster. N'avez-vous pas parlé de lui à Auster... je veux dire avec lui d'Auster. C'était peut-être quelqu'un d'autre. C'était peut-être à propos de Pâques. Easter. Il parlait peut-être de Pâques. Nous allons à Rome pour Pâques. Nous essayons de prendre un nouveau départ. Dans notre mariage.

HUIT

Salle de sport Nautilus, rue Nybrogatan, tôt le matin, janvier 1991.
Erik court sur un tapis. Stefan, qui a soulevé des poids dans une autre partie de la salle, rentre dans la pièce et va sur un autre tapis. Commence à courir, puis regarde Erik.

ERIK. Salut.
STEFAN. Salut. C'est toi ?
ERIK. Oui. *Courant.*
STEFAN. Tu es ici ?
ERIK. Oui.
STEFAN. Tu fais quoi ici ?
ERIK. Je cours.
STEFAN. Je vois ça. Moi aussi. *Courte pause.* Tu cours quelle distance ?
ERIK. Aujourd'hui ? Juste quelques kilomètres.
STEFAN. Je cours pour me débarrasser de ma gueule de bois.
ERIK. Ah bon.
Ils continuent de courir côte à côte. Erik essaie de suivre le tempo de Stefan, qui va de plus en plus vite.
STEFAN. Quel temps de merde... pour courir.
ERIK. Typique de janvier. *Courte pause.* Au fait, bonne année.
STEFAN. Pourquoi ? *Pause.* Tu crois qu'il va y avoir une guerre bientôt ?
ERIK. Une guerre ? Où ? En Yougoslavie, oui.
STEFAN. Au Koweït. Dans le Golfe. Saddam Hussein. Tu ne regardes pas CNN ? Moi oui. Je reste debout la moitié de la nuit à regarder CNN. Toute mon existence est plus ou moins gouvernée par ce qui se passe là-bas, même si j'en ai rien à foutre. Ils savent créer du suspense. Ils savent créer de la dépendance. Ils

savent vendre. Et c'est un euphémisme. C'est un truc énorme. Plus énorme qu'Oprah [1]. Je me demande si Saddam lui-même regarde CNN.

ERIK. Les Américains veulent sûrement la guerre. Ils adorent la guerre. C'est le sport qui attire le plus de public.

STEFAN. J'espère que ça va arriver. Ça ne peut pas se terminer en un putain de retour à la normale. Pas après cet automne. Ils nous ont promis ces missiles qui sont d'une telle précision chirurgicale qu'ils seraient capables de détruire le Dramaten sans faire la moindre égratignure sur le musée de la Musique qui est juste en face. Ou presque. Enfin, si jamais on était la cible. Je veux les voir frapper et nettoyer le monde au nom de Dieu et de la démocratie. Tu ne veux pas voir ça toi aussi ? Bien sûr que si. Tout le monde veut ça. *Regarde Erik, qui a arrêté de courir et respire bruyamment.* Tu as déjà terminé ?

ERIK. Non. Ça y est, j'ai fini.

STEFAN. Une résolution pour la nouvelle année ? *Courte pause.* Manger moins de viande, pas de beurre sur le pain, pas de sucre dans le café et commencer à faire du sport intensivement pour mieux baiser.

ERIK. Je ne prends pas de sucre dans mon café. *Courte pause.* Tu viens ici souvent ?

STEFAN. Ici ? *Courte pause.* Depuis trois ans. *Il arrête le tapis.* J'ai pensé essayer la nouvelle salle rue Birger Jarlsgatan. Celle-ci est tellement délabrée. Il y a trop de vieux.

ERIK. C'est ce que j'aime dans cette salle. Tu veux quelque chose à boire ?

STEFAN. Alors c'est ce que tu aimes. Pourquoi pas ? Si tu prends quelque chose.

1. Talk-show américain animé par Oprah Winfrey.

ERIK. OK. *Il va prendre deux bouteilles de boisson énergétique.* Tiens.

STEFAN. Merci. *Courte pause.* Alors c'est ce que tu aimes ? Je vois. *Ils s'assoient sur un banc, boivent, s'essuient.* Qu'est-ce que tu fais d'autre ? Tu joues au golf, au tennis ?

ERIK. Non. *Courte pause.* Je joue au cricket.

STEFAN. Au cricket ? Ah oui. *Boit.* Ce n'est pas courant. Pas courant en Suède, je veux dire. Autant que je sache. Ce n'est pas souvent qu'on voit un match de cricket en Suède.

ERIK. Non, je ne pense pas que ce soit très courant en Suède. En Angleterre c'est assez courant. Et en Australie aussi. Là-bas c'est très courant.

STEFAN. En Angleterre, oui. La coupe du monde de cricket se passe même là-bas. Ça se développera peut-être ici. Massivement. Ça pourrait devenir un sport très à la mode. J'ai entendu dire que les règles sont un peu compliquées. *Courte pause.* Alors, tu joues où au cricket ? Tu joues tout seul ?

ERIK. Je plaisante. Je ne joue pas au cricket.

STEFAN. Jamais ?

ERIK. C'était une plaisanterie.

STEFAN. J'avais compris.

ERIK. J'avais compris que tu avais compris.

STEFAN. J'avais compris. Que c'était une plaisanterie. *Courte pause.* Je pensais qu'on pourrait peut-être jouer au tennis un jour, si ça t'intéresse.

ERIK. Nous deux ? Toi et moi ?

STEFAN. Si tu joues au tennis, bien sûr. Si ça t'intéresse.

ERIK. Non. Non, ça m'intéresse en fait. Je n'ai jamais joué au tennis. Je crois que je vais prendre une douche maintenant.

STEFAN. Moi aussi. *Erik se lève et va vers la douche, se déshabille, se détourne de Stefan qui l'a suivi et qui est plus lent à se déshabiller.* Je ne joue pas trop mal au tennis, si je peux me permettre de dire ça. J'ai commencé à jouer bien avant de pouvoir tenir une raquette. J'étais obligé de la tenir avec mes deux mains. J'étais bien obligé. Mon vieux voulait que je finisse pro. C'était le rêve de sa vie. Le but de sa vie. Il m'a fait suivre un entraînement dur et intense dès l'âge de six ans. C'était à l'époque de Björn Borg, quand il gagnait tous les tournois de Wimbledon. Il voulait que je sois meilleur que Björn Borg. Il me conduisait au club de tennis d'Alvik [1] chaque putain de jour, année après année, et s'assurait que je jouais quatre, cinq heures par jour jusqu'à ce que je vomisse. Il bandait mes mains, cordait mes raquettes, me balançait dans le mur des vestiaires si j'avais perdu. Mais cela m'a permis de gagner presque tous les tournois juniors auxquels j'ai participé. Mon jeu était très concentré, dur, suédois. Je voulais être meilleur qu'il ne l'avait jamais espéré. Je voulais jouer pour lui échapper. Tu comprends ? Quand j'ai eu dix-sept ans et que j'étais sur le point de devenir pro, je lui ai dit : j'arrête, je ne veux plus faire ça, tu peux me forcer à aller sur le court mais tu ne peux pas me forcer à jouer. Ensuite, je suis parti de chez moi. J'ai déménagé en ville. J'ai eu de nouveaux centres d'intérêts. Piquouse, drogues, filles, Céline, *Voyage au bout de la nuit. Va dans la douche.* La plupart de mes potes, que je vois de temps en temps, sont soit morts soit en prison. J'ai commencé à bosser comme journaliste. Je rencontre une gonzesse. Je la fous en cloque. J'ai un fils avec un pied bot. Et alors ? Il n'est pas pire pour ça. Est-ce qu'il n'a pas autant de possibilités et de droits que les autres garçons ? Peut-être pas celui de

1. Banlieue de Stockholm.

devenir pro de tennis. Mais il y a beaucoup d'autres choses dans la vie. Je suis la preuve pour ça. Je suis la preuve de ça. La preuve de. J'ai écrit trois pièces qui ont cartonné. J'ai seulement trente et un ans. Maintenant il est à l'hôpital de Sabbatsberg. Mon vieux. Il a eu une sorte de maladie musculaire quand j'ai arrêté, il y a treize ans. Il se paralyse, bout par bout. Muscle par muscle. Maintenant ça monte dans sa gorge. Il ne peut pas respirer sans appareil. Il va bientôt mourir. *Debout, absolument immobile sous la douche.* Il ne peut plus parler. Il communique en appuyant une petite canne sur un ordinateur. Voilà ce qui arrive. Il veut que j'aille le voir mais je refuse. La première fois qu'il m'a violé, j'avais cinq ans. *Éteint l'eau de la douche.* Dis-moi si tu veux des leçons de tennis.

ERIK. OK. *Sort de la douche.* Je le ferai. Tu travailles sur une nouvelle pièce ?

STEFAN. Oui. Mais vous ne publiez pas mes pièces. *Sort de la douche.*

ERIK. Tu sais comment c'est. *S'essuie.*

STEFAN. Non, je ne sais pas comment c'est. *Commence à s'essuyer, etc.* Comment c'est vraiment ?

ERIK. Ça ne se vend pas. Ça ne se vend vraiment pas. Personne ne veut lire des pièces. Sauf les étudiants. *Cherche ses habits, veut cacher son corps.*

STEFAN. Est-ce que ça doit se vendre ? *S'assied sur le banc, met ses chaussures.*

ERIK. Oui, ce n'est pas un défaut. *Met son caleçon et ses chaussettes.* Personne ne veut LIRE des pièces. Personne ne veut les voir même. Pas le public suédois. Pas en Suède.

STEFAN, *enlève ses tennis et met ses chaussettes.* Ce sont

des conneries. La salle du Stadsteater [1] où était jouée ma nouvelle pièce était remplie à 93 % pendant tout l'automne. 93 %. C'est sept de moins que cent. C'était complet trois semaines avant la première. Alors ce sont des conneries. En ce moment, on traduit ma première pièce en anglais.

ERIK. C'est super.

STEFAN. Je vais à New York dans quelques semaines pour rencontrer un agent.

ERIK. New York ? C'est super.

STEFAN. Je suis en contact avec une femme, une traductrice, qui habite New York et qui a vu la pièce au Dramaten et elle pense que ça pourrait marcher à New York, et elle a demandé si elle pouvait la traduire, et je vais là-bas pour la rencontrer, elle et un agent.

ERIK. Ça a l'air bien. Comment elle s'appelle ?

STEFAN. Ouais, comment elle s'appelle ? Un truc allemand. Elle est autrichienne. Elle a au moins soixante-dix ans. Elle était l'agent de... comment il s'appelle... Tennessee Williams. C'était une bonne amie de Brecht et elle s'occupait de ses droits aux USA.

ERIK. Non, je voulais dire celle qui traduit ta pièce. Comment elle s'appelle ?

STEFAN. Putain, comment je m'en souviendrais ? Je ne me souviens plus de rien. Pas même des choses qui sont arrivées. Je crois que je suis arrivé à un point où je ne fais que travailler, boire, fumer, mettre les choses à nu et trop baiser, tout simplement. On donne tout le temps trop avec si peu en retour. Tout à coup tu es une épave. Un déchet. Il n'y a plus rien qui bat. Si personne ne me dit rien, je peux rester assis ici une éternité. Je pense rester à New York un moment et

1. Théâtre de la Ville de Stockholm.

travailler. Ne voir personne. Juste me balader. On dit qu'il n'y a pas d'endroit comme New York pour travailler en paix. C'est comme un sanctuaire. Tu connais New York ?

ERIK. Un sanctuaire ?

STEFAN. Quoi ?

ERIK. Le mot « sanctuaire ». Ce n'est pas un mot qu'on entend souvent.

STEFAN. Non. Qu'est-ce que ça veut dire ? Tu connais New York ?

ERIK. Je connais assez bien. Je suis allé là-bas très souvent. Si tu y vas, tu dois visiter le Financial Center. C'est fantastique.

STEFAN. Ah oui, là-bas. Oui, c'est vrai.

ERIK. Tu logeras où ?

STEFAN. Je ne sais pas encore.

ERIK. J'ai l'habitude d'aller au Gramercy Park Hotel. À Gramercy Park. Assez près d'Union Square. Il y a un joli petit parc avec une haute clôture en fer tout autour. On aperçoit ce parc assez souvent dans les films tournés à New York, si jamais ça parle de personnes riches, d'écrivains ou d'artistes. Vers 5-6 heures du matin déjà, ils courent autour du parc ou dans le parc, pour ceux qui ont la clé. Si tu loges à l'hôtel, le portier peut te donner une clé, si jamais tu veux courir ou juste t'asseoir dans le parc un moment. Il y en a qui seulement se promènent, ils ne courent pas. Un matin, j'ai vu une femme faire le tour du parc soixante-quinze fois. Je me suis dit que je ne quitterais pas la fenêtre tant qu'elle n'arrêterait pas de marcher. Et elle l'a fait soixante-quinze fois. Je te jure. Elle avait au moins soixante-cinq ans. J'ai loupé deux réunions d'affaires importantes, l'une avec un avocat, l'autre avec l'avocat de John Irving. J'aime le fait que la ville ne dorme jamais. Comme tu disais, ça rend calme. Quand on rentre chez soi vers 2 ou 3 heures du matin, on peut voir des gens qui s'entraînent comme des forcenés dans les salles de sport. C'est surréaliste.

STEFAN. C'est ce que j'aime.

ERIK. C'est ce que j'aime moi aussi. J'aime également beaucoup la grande librairie *Barnes and Nobles* à Union Square, même si *Strand* est peut-être plus classique. Cinq étages de livres et de magazines, ouverte jusqu'à dix heures du soir, pour qu'on puisse chercher des livres et des magazines si on en a envie, ou prendre un café et manger quelque chose, et regarder les gens et se demander qui ils sont, sans vouloir le savoir. Ça rend presque heureux. Ils ont tout un rayon sur l'Holocauste. On peut aussi trouver des livres sur comment résoudre le chômage aux USA. Ils ont quatre-cinq portiers, la plupart noirs, qui se tiennent à l'entrée et simplement passent le temps. Il s'appelle Daniel ?

STEFAN. Qui ? Mon garçon ? *Courte pause.* Son nom est Micke. Mikael.

ERIK. Non, je pensais à son petit ami. À cette femme qui traduit. Cette femme dont tu m'as parlé, qui traduit ta pièce. Je me demandais si son petit ami ne s'appelait pas Daniel.

STEFAN. Je ne sais pas comment il s'appelle. Je ne sais pas comment elle s'appelle. Elle était à ma première au Dramaten il y a un an. Elle était là. Tu étais là. Ta femme était là. Tout le monde était là, sauf mon vieux.

NEUF

Leschkos au Tompkinson Square Garden, mai 1992.

STEFAN. Salut Emma.
EMMA. Salut.

STEFAN. Comment ça va ? *Il s'assied.* Comment ça va ? *À la serveuse.* I'll just have some coffee, please.

SERVEUSE. What kind of coffee ?

STEFAN. O... black, just black... just any kind of coffee.

SERVEUSE. Just black ? *À Emma.* And you, sir ?

EMMA. I think I'll have a ryetoast... and a prunejuice.

SERVEUSE. On whole wheat, white or rye ?

EMMA. No, rye. Rye please. And a prunejuice... a juice on prune.

SERVEUSE. A toast on rye then / A ryetoast then ?

EMMA. Yes, thanks.

SERVEUSE. Why don't you say so [1] ? *Part.*

STEFAN. Salut.

EMMA. Qu'est-ce que j'ai fait ?

STEFAN. Maintenant, je suis là.

EMMA. Vraiment ?

STEFAN. Oui je suis là. *Courte pause.* Comment ça va ? *Courte pause.* Comment tu vas ?

EMMA. Je ne sais pas. Bien je pense. Où est-ce que tu es descendu ?

STEFAN. Tu m'as manqué. Gramercy Park Hotel... à Gramercy Park.

EMMA. Ah, là-bas. Oui, c'est bien là-bas.

1. En anglais dans le texte.
STEFAN. Comment ça va ? *Il s'assied.* Comment ça va ? *À la serveuse.* Juste un café s'il vous plaît.
SERVEUSE. Un café comment ?
STEFAN. Oh... noir, juste noir...juste n'importe quel café.
SERVEUSE. Juste noir ? *À Emma.* Et vous, Monsieur ?
EMMA. Je vais prendre un toast au pain de seigle... et un jus de prunes.
SERVEUSE. Pain complet, blanc ou seigle ?
EMMA. Non, seigle. Seigle s'il vous plaît. Et un jus de prunes... un jus qui vient des prunes.
SERVEUSE. Alors ce sera un toast au pain de seigle ?
EMMA. Oui, s'il vous plaît.
SERVEUSE. Pourquoi ne l'avez-vous pas dit ? *Part.*

STEFAN. Près de Union Square.

EMMA. C'est bien là-bas.

STEFAN. On voit souvent... ce parc, Gramercy Park, tu sais, on le voit souvent dans les films tournés à New York... quand ils veulent montrer des lieux où ont habité des artistes et des écrivains... Est-ce qu'ils n'étaient pas à Gramercy Park dans ce film avec Meg Ryan et Billy Cristal... Quand j'ai rencontré... C'est quoi le titre ? Tu vois ce que je veux dire ? C'est quoi le titre de ce film ?

EMMA. Je ne sais pas. *Courte pause.* Meg Ryan ?

STEFAN. Oui. *Quand Harry rencontre Sally.*

EMMA. Ah celui-là.

STEFAN. Ils étaient amis et puis ils découvrent qu'ils s'aiment. Ils étaient à Gramercy Park.

EMMA. Vraiment ? C'est bien.

STEFAN. Comment ça va ? *Pause.* Je t'ai manqué ? Tu es heureuse de me voir ?

EMMA. Je savais que tu venais. On avait décidé de se voir ici aujourd'hui.

STEFAN. Oui. Il s'est passé quelque chose ?

EMMA. Tu veux aller quelque part ?

STEFAN. Maintenant ? Non. *Pause.* J'ai rendez-vous avec Melinda au Lincoln Plaza à deux heures, et après on va voir un avocat dans la 44e rue pour vérifier le contrat de traduction. Robert Youdelman ou A. Heather Doughty. 19 West 44th Street. Après je suis libre. Je ne sais pas combien de temps ça va prendre. *Courte pause.* Ce n'est pas très loin. C'est près de Central Park, non ?

EMMA. Tu as quel âge ?

STEFAN. Moi ?

EMMA. Non, toi. Tu as quel âge ?

STEFAN. J'ai... ça fait combien... trente et un ans.

EMMA. Tu as une cigarette ?

STEFAN. Oui. *Il lui en donne une.* Voilà. Qu'est-ce que tu vas faire ?

EMMA. Quand ? *Courte pause.* Ce n'est pas une menthol ?

STEFAN. Je ne fume jamais des menthol. *Il lui donne du feu.* Qu'est-ce que tu vas faire après ?

EMMA. Je ne sais pas. Rentrer chez moi peut-être. Il ne me reste plus rien dans cette ville. Je ne suis qu'une touriste.

STEFAN. On peut se voir plus tard ?

EMMA. Je dois voir Sean. Je lui ai promis que je signerai les papiers du divorce.

STEFAN. OK. Alors on peut se marier.

EMMA. Il a recommencé avec l'héroïne.

STEFAN. Ah oui ?

EMMA. Becky a emménagé chez lui. Ils vivent ensemble maintenant. Comme si rien ne s'était passé. Elle était ma meilleure amie. Ils n'auraient pas pu attendre un peu ? Ils sont tous les deux accros à l'héroïne. Regarde. Non, ne regarde pas. *Courte pause.* C'est Jim de la 7e rue avec son gros chien. Lui aussi est toxicomane/héroïnomane. Il était si méchant, enfin... il était si malheureux. Pain is only misunderstanding [1]. Je le voyais régulièrement dans le parc. Il avait toujours un mot méchant à partager. *Pause.* S'il me reconnaît, alors j'ai vécu ici. Si je passe devant lui et qu'il me reconnaît, alors je saurai que j'ai vécu ici un jour. Si je vois un éclair de familiarité dans ses yeux, même méchant... alors j'ai existé, non ? C'est vrai, non ?

STEFAN. Quoi ?

EMMA. Alors j'ai existé ?

STEFAN. Emma. *Prend sa main gauche.*

1. En anglais dans le texte : « La douleur est seulement de l'incompréhension ».

EMMA. Il était médecin. Il a commencé par des tranquillisants, a divorcé, a eu de l'herpès et a perdu son droit d'exercer. *Regarde la main de Stefan tenant la sienne.*

STEFAN. Emma.

EMMA. J'ai acheté un nouveau lait pour le corps. Dior. Oui, quoi ?

STEFAN. Emma. *Courte pause.* Écoute.

EMMA. J'écoute. *Courte pause.* Tu veux quoi ? *Retire sa main.* Je n'ai plus de chez moi. Je n'ai pas de travail. Je n'ai pas d'enfant. Je n'ai rien.

STEFAN. Tu m'as, moi.

EMMA. Toi ?

STEFAN. N'est-ce pas que tu m'as ?

EMMA. Ce n'est pas la même chose. Je dois avoir ma propre vie d'abord. Je viens juste de divorcer. Je ne sais pas ce que je vais faire.

STEFAN. Oui. N'est ce pas que tu m'as ?

EMMA. Peut-être que oui.

STEFAN. Bien sûr que oui. Pourquoi on n'irait pas voir *Death and the Maiden* [1] ce soir. Avec Gene Hackman et Glenn Close et quelqu'un d'autre encore. J'aimerais bien voir Gene Hackman sur scène. Je n'ai jamais vu Gene Hackman sur scène. Je ne l'ai vu qu'au cinéma. Je n'ai jamais vu non plus Glenn Close sur scène.

EMMA. C'est la première fois à New York.

STEFAN. Tu l'as déjà vu sur scène ?

EMMA. Je ne sais pas. Je ne crois pas. Ce n'est pas la même chose. J'aurais pu le voir sur scène, si j'avais vraiment voulu.

STEFAN. Mais il ne joue pas très souvent au théâtre.

EMMA. S'il avait déjà été sur scène. Je dois avoir ma propre vie d'abord. Je viens juste de divorcer. *Elle*

1. *La Jeune fille et la mort*, pièce de théâtre écrite par Ariel Dorfman.

repousse tout le temps les cheveux de son front. J'ai dégagé les cheveux de mes yeux et j'ai pensé, je dégage les cheveux de mon vieux.

STEFAN. Quoi ?

EMMA. C'est étrange, non ? *Pause.* Je ne peux pas.

STEFAN. Tu ne peux pas quoi ? *Pause.* Tu ne peux pas aller voir Gene Hackman ?

EMMA. Pourquoi mon toast n'arrive pas ? *Pause.* On ne pourrait pas faire une pause ?

STEFAN. Qu'est-ce que tu as dit ? *Courte pause.* Une pause ? Quelle genre de pause ?

EMMA. Ou quelque chose comme ça. *Courte pause.* Tu vois ce que je veux dire ?

STEFAN. Non. Quelle genre de pause ?

EMMA. Et bien, je veux dire, entre nous... je viens juste de divorcer. Je ne sais plus rien.

STEFAN. Entre nous ?

EMMA. Oui, cette chose... entre nous... oui, cette chose.

STEFAN. Qu'est-ce que tu veux dire, putain ?

EMMA. Ne te mets pas en colère.

STEFAN. Qu'est-ce que tu veux dire, putain ?

EMMA. Nous sommes amis, n'est-ce pas ?

STEFAN. Qu'est-ce qu'il y a, putain ?

Pause.

STEFAN. Emma.

EMMA. Oui ?

Pause.

STEFAN. Pourquoi ?

EMMA. Pourquoi ?

STEFAN. Pourquoi ?

EMMA. Juste une pause, pour l'instant... pour que je puisse tout mettre ensemble...

STEFAN. OK. Je comprends.

EMMA. Tu comprends ?

STEFAN. Oui.

EMMA. Vraiment ?

STEFAN. Bien sûr. Au fait, je viens juste d'arriver à New York. Ça fait une heure vingt que je suis arrivé. Je viens de déposer mes affaires au Gramercy Park Hotel. Je viens juste d'arriver. Je suis ici maintenant. Je suis ici maintenant pour te voir. On parle de ça depuis presque six mois. Six mois, c'est bien ça ? Peut-être plus ? On a parlé de moi qui devais venir te voir à New York. Je viens juste d'arriver. Je suis ici maintenant. Salut. Ravi de te voir. Comment ça va ? Comment vas-tu ? On dirait que tu as attrapé une lèpre mentale. Tu as fait quelque chose de particulier depuis qu'on s'est vu la dernière fois ? Au fait, tu te rappelles la dernière fois ?

EMMA. Mais tu es ici pour voir un avocat et ta traductrice.

STEFAN. Tu te rappelles comment je t'ai baisée ? Partout, dans ta bouche, ta chatte et ton cul. Tu disais que c'était la première fois que quelqu'un le faisait là. Tu disais que c'était la meilleure chose qui te soit jamais arrivée. Que j'étais la meilleure chose qui te soit jamais arrivée. Tu me disais que je te libérais sexuellement. Nous sommes restés au lit pendant deux jours. Nous avons commandé une pizza. Nous l'avons mangée au lit. Après nous avons continué... Nous avons regardé une émission à la télé. Puis tu es allé travailler à la librairie et plus tard nous nous sommes revus au Café Thalia. J'avais une réunion technique. Tu avais vu Erik le même jour. Tu te rappelles ? *À la serveuse, qui apporte le toast, le café et le jus.* I want a Scotch.

SERVEUSE. A Scotch ?

STEFAN. Yes. Please.

SERVEUSE. On the rocks ?
STEFAN. Non... not on the rocks... just water, please.
SERVEUSE. Not on the rocks ?
STEFAN. No, just water.
SERVEUSE. What kind of water ?
STEFAN. I don't care, as a matter of fact.
SERVEUSE. Well, I don't care either. I just want you to know it [1].
STEFAN. OK. *Pause.* J'ai rendez-vous avec Robert Youdelman, un avocat, dans la 44e rue, à 14 heures pour signer le contrat de la traduction, et pour ne pas me faire avoir. Melinda a prévu une lecture au Circle Rep demain à 13 heures, où nous irons toi et moi. Ils vont lire ma pièce, seulement trois personnages. Un des acteurs était dans cette série télé – *dit le nom* – qui était diffusée en Suède aussi. Après on parlera aux acteurs pour voir ce que ça donne. L'un des acteurs, celui qui va lire le rôle du père, était à la création de la pièce d'O'Neill, *The Iceman Cometh.* Après on ira prendre un verre avec eux. Pour voir ce que ça donne. Après, on ira peut-être bouffer japonais. Après, on ira s'amuser. Où tu veux, ce que tu veux. Je reste ici quelques semaines, je suis libre. Je peux faire ce que je veux. J'ai planifié mes cinq prochaines années. D'ici

1. En anglais dans le texte.
STEFAN. Je voudrais un whisky.
SERVEUSE. Un whisky ?
STEFAN. Oui, s'il vous plaît.
SERVEUSE. On the rocks ?
STEFAN. Non... pas on the rocks... juste avec de l'eau, s'il vous plaît.
SERVEUSE. Pas on the rocks ?
STEFAN. Non, juste de l'eau.
SERVEUSE. Quelle eau ?
STEFAN. Je m'en fous.
SERVEUSE. Moi aussi. Je veux juste que vous le sachiez.

cinq ans, j'aurai écrit cinq nouvelles pièces. J'ai décidé de mettre en scène. Je vais mettre en scène quatre pièces, dont deux que j'ai écrites. Je vais en faire deux au Dramaten et deux à la télé. J'ai écrit un scénario de long-métrage que je réaliserai dans deux ans. J'ai reçu le grand prix théâtral de l'Expressen et le prix du théâtre nordique. J'ai eu le prix Pilo. Nous avons acheté un grand appartement dans Söder, près de Katarina ou de Nytorget, avec une grande terrasse. Tu prends ton vélo chaque matin pour aller travailler. On a peut-être un ou deux enfants. Je dois aller pendant quelques mois en Zambie parce qu'une de mes pièces parle d'un vieux policier blanc qui interroge une très jeune prostituée noire. Mais ça parle plus de Dieu et de la pureté que des conflits de races. Mes parents sont morts dans un accident de voiture. Un cambrioleur de banque a foncé dans leur voiture, de plein fouet, un jeudi soir alors qu'ils étaient en route pour la campagne. Eux sont morts mais lui a survécu. Dans trois ans, je serai à la prison de Hall ou de Kumla pour travailler avec des condamnés parce que j'écrirai une pièce sur les crimes et châtiments. *Continue de parler des choses qu'il va faire dans les cinq prochaines années*. Tu sais combien de temps je mets pour écrire une pièce ? *Pause*. Six heures. L'automne prochain, je mets en scène une pièce au Dramaten. J'ai acheté un téléphone portable. Je ne peux pas l'utiliser à New York.

Dix

Marina di Pisa, juillet 1992.

Ann. Demain on part à Florence. J'ai réservé une chambre au Tornabuoni Beacci.
Erik. Ah là-bas. Très bien.
Ann. Il n'y avait plus de chambre à Fiesole. Pas avant août.
Erik. On sera rentré à ce moment-là.
Ann. C'est peut-être tout aussi bien.
Erik. Il fait chaud. *Courte pause.* Il fait chaud maintenant.
Ann. Oui. C'est l'Italie.
Erik. Je sais. *Pause.* Ce serait sympa d'aller à l'hôtel Bauer... Bauer Grunwald.
Ann. Mais c'est à Venise.
Erik. C'est vrai, bien sûr. *Pause.* Je suis allé là-bas.
Ann. Moi aussi. Je suis allée là-bas, moi aussi. Avec toi.
Erik. C'est trop loin pour y aller. N'est-ce pas ?
Ann. Tu pourrais me frapper ?
Erik. Pardon ? Pourquoi ?
Ann. Me masser avec de la crème solaire, je voulais dire. Tu pourrais s'il te plaît me masser ? Me masser le dos et les épaules.
Erik. Bien sûr. *Courte pause.* Maintenant ?
Ann. Oui, maintenant. Si tu en as envie. *Courte pause.* Tu en as envie ?
Erik. Oui. Bien sûr. *Pose le livre qu'il essaie de lire, va vers elle, prend le tube de crème solaire. Elle se met sur le ventre sur sa chaise longue, il commence à la masser.* Tu veux boire quelque chose ?
Ann. Non, merci.
Erik. Ça te fait du bien ?
Ann. Quoi donc ?
Pause.
Erik *continue à la masser, s'arrête.* Ça suffit ?

ANN. Oui. Merci.
ERIK *marche, s'arrête.* Je ne sais pas quoi faire.
ANN. Moi non plus.
ERIK. Tu ne sais pas quoi faire ?
ANN. Non – je ne sais pas ce que TU vas faire.
ERIK. Je vais sûrement trouver quelque chose, tôt ou tard. *Se tient debout immobile, se retourne ensuite vers elle.* Tu veux un whisky ?
ANN. Un whisky ? À 10 heures du matin ?
ERIK. Pourquoi pas ? On est en vacances.
ANN. Vraiment ? *Longue pause.*
ERIK. Donc tu n'en veux pas ?
ANN. Je ne crois pas. *Longue pause.* Tu penses à elle ?
ERIK. Qu'est-ce que tu as dit ?
ANN. J'ai dit tu penses à elle ?
ERIK. Qui ? *Courte pause.* Je pense à qui ?
ANN. Toi.
ERIK. Je veux dire : je pense à qui ? *Pause.* Putain, à qui veux-tu que je pense ?
ANN. À elle. Celle à qui tu penses. La fille à laquelle tu penses.
ERIK. Mon Dieu, qui ça ? *Pause.* Emma ?
ANN. Elle s'appelle comme ça ? Je ne connaissais pas son nom.
ERIK. Moi non plus. Mais je crois. Je crois qu'elle s'appelle comme ça. Je crois que c'est ça. *Courte pause.* Je crois qu'elle s'appelle comme ça. Si c'est à elle que tu fais allusion. *Courte pause.* C'est à elle que tu faisais allusion ?
ANN. Je t'ai posé une question.
ERIK. C'était quoi ?
ANN. Je t'ai demandé si tu pensais à elle.
ERIK. Pourquoi je ferais ça, bordel ? Je ne l'ai vue que deux fois.
ANN. Tu as couché avec elle ?

ERIK. Je ne l'ai vue que deux fois. Si je me souviens bien, elle m'a dit qu'elle était mariée. Elle est mariée à un Américain. Elle est mariée depuis sept-huit ans. Il est musicien. Maintenant je me souviens. Si tu te demandes pourquoi je me souviens de ça, c'est tout simplement parce que son roman parlait de ça. De son mariage avec un musicien américain à New York. C'est pourquoi je m'en souviens. Je me souviens mieux du roman que d'elle.

ANN. Tu l'as fait ? Tu as couché avec elle ?

ERIK. Pourquoi j'aurais fait ça ?

ANN. Parce que tu aimes ça, parce que tu voulais ça... bon, parce que les hommes et les femmes font ça. Nous non, bien sûr, mais la plupart des autres hommes et des autres femmes couchent ensemble, ont des relations sexuelles ensemble.

ERIK. Tu es la seule femme avec laquelle j'ai couché ces neuf dernières années, vraiment. Même si aujourd'hui on ne le fait qu'une fois par mois, le jour de ton ovulation.

ANN. Ne t'inquiète pas... il ne me reste plus beaucoup d'ovules.

ERIK. Je ne voulais pas dire ça. *Pause*. Pardon.

ANN. Et même si j'en avais, il n'y a pas de fœtus qui survive dans mon corps.

ERIK. Je n'ai pas la force d'en parler maintenant.

ANN. Mon corps est une tombe.

ERIK. Je sais.

ANN. Mais elle n'est pas ce que tu crois. Elle est malade. Autiste.

ERIK. Pas de problème pour moi.

ANN. C'est ce qui t'attire ?

ERIK. Quoi ? *Pause*. Maintenant je ne te suis plus.

ANN. Qu'elle soit autiste ? C'est ce qui t'attire ?

ERIK. Non, je ne pense pas. *Pause*. Daniel fait quoi ?

ANN. Je ne sais pas. Il joue à Super Mario. *Pause.* Je veux aller me baigner.

ERIK. Pourquoi pas ? *Pause.* Qu'est-ce que ça veut dire, au fond ?

ANN. Je dois aller me changer. *Courte pause.* Quoi donc ?

ERIK. Être autiste. Qu'est-ce que ça veut dire ?

ANN. Je m'en fous. / Tu le verras bien.

ERIK. OK. *Pause.* On ne peut pas aller dîner chez – ce soir ? J'aimerais manger leur escalope de veau une dernière fois.

ANN. On a dit qu'on irait à *Tri Colli.* Le restaurant dans le monastère. Pour manger leur poulet connu dans le monde entier.

ERIK. OK. *Pause.* Ça m'a l'air bien. *Pause.* Je pense que je vais appeler Luc et lui dire qu'on est à Tornabeacci. Il m'a dit qu'il allait passer trois semaines à Florence en juillet. On pourrait peut-être le voir.

ANN. Oui, volontiers. Je ne sais pas quoi mettre demain. Je n'arrive pas à me décider.

ERIK. Mets la blanche. La robe blanche.

ANN. Tu crois ? *Pause.* Oui, peut-être.

ONZE

La galerie des Offices, Florence, juillet 1992.
Erik et Ann entrent dans l'une des salles.

ERIK. Je pense que c'est là. Oui, c'est là. Il est accroché là. *Un homme et une femme sont debout devant l'une des peintures. L'homme a les mains dans le dos, l'une est ouverte. La femme vient vers lui de derrière et met sa main dans la main ouverte. Il la serre.*

ERIK. Titien. *Venus of Urbino* [1]. Pourquoi je suis tant ému par elle ?

ANN. Je ne sais pas. Je ne suis pas toi. Elle est nue. Elle a de petits seins.

ERIK. Ce n'est pas ça.

Ils marchent vers la peinture, restent debout à côté de l'autre couple.

ANN. J'en ai vu des meilleurs de Titien.

ERIK. Ah bon.

L'homme et la femme se retournent, regardent Erik puis Ann.

STEFAN. Mon Dieu. Tu es ici ?

ERIK. Oui. Tu es ici toi aussi ?

STEFAN. Qu'est-ce que tu fais là ? *À Ann.* Bonjour. On a fait la queue deux heures.

ANN. Vraiment ? Salut. Bonjour.

ERIK. Ann, ma femme. *Courte pause.* Stefan. *Courte pause.* Je crois qu'on s'est croisé au Dramaten il y a quelques années, si je ne me trompe pas.

STEFAN. C'est exact. À la première de ma première pièce. Bon, c'était une représentation horrible.

ANN. C'est vrai. *Courte pause.* Je veux dire, c'est bien là qu'on s'est rencontré. Au Dramaten.

ERIK. C'est exact. *À Emma, qui est debout près de Stefan.* Salut. Comment ça va ?

EMMA. Il y a du monde partout.

ERIK. Oui. *À Ann.* Voici...

STEFAN. Emma.

EMMA. Vous êtes aussi à Florence ?

ERIK. Oui, vous êtes là depuis combien de temps ?

ANN. Pourquoi tout le monde va à Florence ?

EMMA. On est venu ici hier mais il y avait trop de monde, alors on a laissé tomber.

1. En anglais dans le texte.

ERIK. Non, je veux dire à Florence ? Vous avez été au musée Donatello ?

STEFAN. Quelles formidables baignoires ils avaient dans le temps.

ANN. Il faut venir ici en mars ou octobre. Quand il n'y a que des groupes scolaires italiens.

ERIK. Qui... Qui avait ça ?

STEFAN. Les Romains. Quelles formidables baignoires ils avaient. Tu n'as pas vu ces immenses baignoires dans les couloirs ?

ERIK. Ah oui, celles-là. Ce sont des sarcophages.

STEFAN. Ah bon ? Ah d'accord.

ANN. Vous avez visité les salles de la Renaissance ? Filippo Lippi et les autres ?

EMMA. Ce sont celles que je préfère.

ANN. On n'a pas la force de tout voir.

ERIK. On loue une maison à Pise, à Marina di Pisa. C'est à une dizaine de kilomètres de Pise.

ANN. À vingt kilomètres.

ERIK. Vingt kilomètres ? Pas plus ? Au bord de la mer. *Courte pause.* Où est-ce que vous êtes descendus ?

EMMA. À Fiesole. Là-haut. *Montre du doigt.* On est dans un monastère. C'est assez agréable d'être loin de la circulation et de tous les gens.

STEFAN. On a passé le mois de mai à New York.

EMMA. On n'a pas la force de tout faire.

STEFAN. Il y a eu une lecture de ma pièce au Circle Rep. J'ai rencontré des avocats et des agents. On verra sur quoi ça débouchera. On a vu Gene Hackman dans *La Jeune fille et la mort.* Ce n'était pas mal du tout.

EMMA. Oui.

STEFAN. Pas du tout ce genre de numéro de star auquel on pourrait s'attendre. Glenn Close était bien aussi. Peut-être un peu trop vieille.

ANN. Pour quoi ?

STEFAN. Pour le rôle. Tu savais que Luc était ici. Il est dans un hôpital, tenu par des moines. Tout ce qui lui appartient est dans une petite boîte dans le mur. Il a une sorte d'infection à l'œil. Il rentre chez lui aujourd'hui. Il est en train de traduire ma nouvelle pièce. En hollandais. Ils vont la jouer à Eindhoven.

ERIK. Je savais qu'il était ici. Il avait dit qu'il irait à Florence quelques semaines pour écrire sa nouvelle pièce.

STEFAN. Luc ? *Courte pause.* Il écrit des pièces ? Il a commencé à écrire des pièces ?

ERIK. Il disait qu'il ne pouvait pas écrire s'il restait à Amsterdam. Il est tout le temps dérangé. Il doit vivre à l'hôtel ou dans une pension, le plus simple étant le mieux, et ne voir personne qu'il connaît. C'était grave son infection à l'œil ?

STEFAN. Je ne pense pas. Je ne savais pas qu'il écrivait aussi des pièces. C'est formidable.

ERIK. Oui. On est en train de traduire sa première pièce. Elle a été montée en Allemagne, à Kassel. Elle est très bien. C'est une adaptation de *L'Ange exterminateur* de Buñuel. Ce film où des gens sont à une fête et tout d'un coup, ils ne peuvent plus sortir de là. Ils ne peuvent pas quitter la pièce. Ils ne peuvent pas sortir.

STEFAN. Il a écrit une pièce d'après un film ?

ERIK. Il n'y a rien qui les empêche de partir mais ils ne peuvent tout simplement pas. Il y a une scène formidable où un troupeau de moutons passe devant la porte.

EMMA. C'est celui-là ?

ERIK. Je l'ai lue en allemand. J'ai trouvé ça incroyablement bien.

STEFAN. Oui, c'est super. *Pause.* Vous faites quoi après ?

ERIK. Je voudrais juste voir Titien. Ensuite je serai satisfait. *Pause.* Vous faites quoi ?

EMMA. Et bien, c'est ce qu'on ne sait pas.

Douze

Rue Västmannagatan, Stockholm, septembre 1992.
Emma marche dans l'appartement. Elle marche tout le temps à reculons.

EMMA, *ouvre la porte.* Salut.
Une robe rouge est suspendue sur un cintre à la lampe du plafond, dans l'entrée.

ERIK. Pardon. Je suis allé au mauvais endroit. Je suis allé rue Upplandsgatan. Je pensais que tu habitais là-bas. Je pensais t'avoir entendue dire Upplandsgatan. Là-bas, je me suis acharné sur l'interphone, au 49 A rue Upplandsgatan, parce que je ne connaissais pas le nom de ton amie.

EMMA. Non, j'habite rue Västmannagatan. Entre. *Ils entrent. Elle ferme la porte.*

ERIK. Je sais. Personne ne te reconnaissait. *Pause.* Comment ça va ? *Courte pause.* Désolé je suis en retard. *Courte pause.* Comment ça va ?

EMMA. Ça va bien. Je me suis promenée toute la journée. Il a fait un temps génial. *Pause.* N'est-ce pas ?

ERIK. Oui, vraiment. Génial. Je me suis promené aussi. À Humlegården [1]. Ça t'a surprise... que je te téléphone ?

EMMA. Peut-être.

ERIK. Moi aussi.

EMMA. Toi aussi ? *Courte pause.* Ça t'a surpris ?

ERIK. C'est joli ici.

EMMA. Ce ne sont pas mes affaires. La table est à moi, et les chaises, mais pas le reste. Ce n'est pas à moi. Toutes mes affaires sont à New York.

ERIK. Je sais. Je suis allé à Pise cet été, à Marina di Pisa. J'ai loué une maison pendant trois semaines.

1. Parc de Stockholm, situé dans le quartier d'Östermalm.

EMMA. Je sais. Je t'ai rencontré à Florence. Je vous ai rencontrés tous les deux. Toi et ta femme. À Florence. Dans la galerie des Offices.

ERIK. Je sais. On a loué une maison. Une nuit, alors que je dormais dans cette maison, je me suis soudain réveillé. Je me suis réveillé au milieu de la nuit, vers 3 heures du matin, je me suis assis dans le lit et j'ai dit d'un seul trait dans l'obscurité – ma vie tombe en morceaux.

EMMA. Tu voulais dire quoi par là ? Pourquoi tu as dit ça ?

ERIK. C'était avant qu'on se rencontre à la galerie des Offices. Je ne sais pas pourquoi j'ai dit ça. Je l'ai juste dit, haut et fort, comme si j'étais seul dans la pièce. Ma vie tombe en morceaux.

EMMA. Il s'était passé quelque chose ?

ERIK. Je crois. Parce qu'après j'ai dit, aussi haut et fort, si fort que je l'ai entendu moi-même et que je me suis soudain réveillé : je veux avoir un enfant avec elle. Je l'aime.

EMMA. Qui ?

ERIK. Toi. *Pause.* Je t'aime. *En même temps il déboutonne son chemisier et caresse ses petits seins.*

Ils sont en face l'un de l'autre. La moitié de son visage et de son corps est dans l'obscurité, l'autre moitié est très éclairée.

ERIK. Tu comprends ?

EMMA. Oui.

ERIK. Tu sais ce que ça fait ?

EMMA. Quoi ?

ERIK. Quand la vie tombe en morceaux ? *Courte pause.* Tu sais quel bruit ça fait ?

EMMA. Je t'aime aussi. On ne pourrait pas plutôt rester amis ?

ERIK. On est amis ? *Courte pause.* On a été amis ?

EMMA. Non. Seulement des connaissances.

ERIK. Où est Stefan ?

EMMA. Je pense qu'il est chez lui. Il est malade. Il a quelque chose à la gorge.
ERIK. C'est triste. Il est très malade ?
EMMA. Demain il va aller voir le médecin pour avoir une espèce d'antibiotique. Je crois que c'est une angine.
ERIK. Tu as dit que tu m'aimais ?
EMMA. Je crois.
ERIK. Tu crois que tu l'as dit ou tu crois que tu m'aimes ? *Rit.*
EMMA. Je t'aime. Je sais que j'ai dit ça.
ERIK. Vraiment ?
EMMA. Ça fait mal.
ERIK. Quoi ? De m'aimer ?
EMMA. De le dire. Je ne l'ai jamais dit avant. Je ne l'ai jamais dit à Sean.
ERIK. Tu l'as dit à Stefan ?
EMMA. Non.
ERIK. OK. *Il l'embrasse. Il continue de caresser ses seins.* Tu l'as acheté à New York ?
EMMA. Celui-là ? *Elle veut dire, tout comme lui, le T-shirt, où est écrit Coltrane.* Oui.
ERIK. C'est joli.
EMMA. Tu veux quelque chose ?
ERIK. Quoi donc ? Je t'ai acheté ça. *Il tient un attaché-case, il est sur le point de le mettre quelque part mais il ne sait pas où – il y a des choses partout, papiers, habits, etc.* Je peux poser la chaise ici ? Je veux dire, l'attaché-case. J'ai quelque chose pour toi. Je m'en suis souvenu quand tu as commencé à parler de Coltrane. *La regarde, puis sort un cd de son attaché-case – Keith Jarrett, le concert de Paris. On entend* The Wind.
EMMA. Elle est très belle.
ERIK. Qui ?
EMMA. Ta femme. N'est-ce pas ?
ERIK. Tu trouves ?

EMMA. Oui. Elle est très belle. Tu aimes bien ici ?

ERIK. Oui. C'est un bel endroit. J'ai un bon ami. *Pause.* J'avais un bon ami, je veux dire. De mon âge. Aussi vieux que moi. Gentil. Intelligent. Avec un grand sens de l'humour. Le genre d'humour que j'aime. Le même genre d'humour que moi, quand je suis de bonne humeur. On jouait au tennis de temps en temps. On mangeait ensemble quand on avait le temps. Je t'ai dit ce qu'il faisait ? Il était avocat. Il avait une grande maison à Djursholms Ösby [1]. Il était marié avec une femme incroyablement belle, intelligente, spirituelle, peut-être un peu maniaque. Très talentueuse... talentueuse en... je ne peux même pas me souvenir de son métier... c'était quoi ? Elle était décoratrice d'intérieur ou graphiste. Quelque chose comme ça, quelque chose dans ce style. Je crois qu'elle a dessiné des costumes pour un spectacle dans un théâtre en automne. Je ne me rappelle plus lequel. Mais elle ne le faisait pas pour l'argent. Elle était juive également. Une fois, on est allé pour Yom Kippour au temple, rue Riddargatan. Quand j'ai dit à un collègue de travail que j'avais été à un Yom Kippour, il a demandé : vraiment... c'est où ? Quoi donc, ai-je dit. Ce Yom Kippour dont tu m'as parlé, c'est où ? Je l'ai vue soudain il y a trois ans, quand je déjeunais avec un auteur au restaurant *East*. J'étais obligé de lui expliquer que la nouvelle politique radicale de notre maison ne nous permettait pas de publier son cinquième roman, qui était aussi bon que les quatre précédents, ce qui était le problème, car maintenant il avait cinquante ans et il n'avait plus assez de sex-appeal. Il n'en avait aucun. Alors que j'essayais de lui expliquer ça aussi gentiment que possible, elle est passée devant notre table en sortant, sans rien dire, – je ne pensais

1. Banlieue aisée de Stockholm.

pas qu'elle m'avait vu, mais elle m'a fait un rapide sourire, qui a ravivé tous les souvenirs et les blessures en moi, au moment où elle passait... et tu sais ce qu'elle a fait d'autre ? *Courte pause.* Elle a pris son sac, qu'elle tenait dans la main droite, et elle a balayé toute la table avec, le vin et les verres de vin se sont renversés sur nous. Ça m'a frappé de voir à quel point elle était belle. Et mince. Nous quatre, Ann et moi, Mikael, mon ami et sa femme, nous nous sommes fréquentés pendant plus de vingt ans. De vingt à quarante ans. C'est étrange, non ? Vacances, fêtes de Noël, tous les événements importants, baptêmes, funérailles, fécondations j'allais dire, même les fins d'années scolaires de Daniel. Daniel est mon fils. Il a dix ans. Ils avaient l'air heureux comme nous nous avions l'air heureux. Peut-être un petit peu trop intensivement heureux. Ils parlaient tout le temps pour empêcher l'autre de dire quelque chose d'essentiel. On pressent ces choses-là et on fait comme si tout allait bien. On sourit alors qu'on a envie de poignarder quelqu'un. Mais nous avons vécu de formidables moments ensemble et nous avons eu des discussions violentes dans leur cuisine et dans leur jardin ou dans notre appartement. Nous sommes les parrains de leurs deux enfants, qu'ils sont allés chercher au Honduras. Nous aurions pu échanger nos partenaires sans que cela fasse une grande différence. Je ne sais même pas si nous l'aurions remarqué. Nous aurions pu peut-être vieillir ensemble et finir nos jours dans la même maison de retraite à Söndal[1], quatre visages, tous les mêmes. Je peux nous voir assis là-bas dans les ombres. Comme des ombres. Les infirmières en blanc, et nous, des ombres, des ombres légères. C'est ce que nous aurions pu faire. Mais nous ne l'avons pas fait. Un jour,

1. Banlieue de Stockholm.

la fille de l'un des associés de son cabinet d'avocats, celui qui s'occupait principalement des dossiers financiers, est venue, après ses études de droit en Angleterre, faire un stage de six mois au cabinet. Je l'ai rencontrée aussi. Elle avait vingt et un ans. Elle avait un corps splendide. Une bouche magnifique. Il aimait lui parler. Il aimait regarder ses lèvres magnifiques. Il tombe amoureux. Il la séduit. À l'hôtel Diplomat après un dîner chez Paul och Norbert. Il travaille plus que jamais mais pas aussi bien. Il baise trop. Même au bureau, quand ils en ont l'opportunité. Dans les toilettes. Les bureaux se trouvent dans les galeries de Sture. Il... comment je pourrais dire... ne peut pas vraiment maîtriser la situation. Au bout d'un temps, ça devient insoutenable bien sûr. Quand sa femme apprend ça, elle essaye de se suicider en prenant du Rohypnol. On l'emmène à l'hôpital de Danderyd. Elle ne veut pas aller à l'hôpital de Sabbatsberg où travaille Ann, ce qu'on peut comprendre. Elle reste au service psychiatrique trois semaines et ensuite elle demande le divorce. Je la comprends. Non seulement il l'a abandonnée, elle et ses deux enfants adoptés du Honduras, de deux et trois ans, mais aussi son beau-père et patron, ainsi que sa femme, et il nous a aussi abandonnés. Ann et moi, c'est ce que ressent Ann, je ne sais pas si je ressens la même chose. En tout cas, il quitte Djursholm et emménage chez la nouvelle femme... et six mois plus tard bien sûr, elle découvre à quel point il est ennuyeux, jaloux, peu passionnant et vieux et elle rompt. Il refuse de l'accepter. Il la traque, l'attend à la sortie du cabinet d'avocats, duquel il a été licencié. Il boit jusqu'à être ivre à *Sture*, bar devant lequel les gens du cabinet passent quand ils rentrent chez eux. Il se ridiculise, devient crade, tombe en loques, en tout cas pendant un temps. Et tout aurait pu se terminer là, s'il y avait une fin à tout, mais il se relève. Il se remet sur pieds. Il trouve un travail dans un autre cabinet d'avocats. Deux ans après le divorce, ou peut-être seulement un an après, sa femme est assassinée par un voleur qui cambriole leur maison à Djursholm. Après les funérailles à la synagogue de – à – auxquelles il assiste avec ses deux enfants, assis à côté de leurs grands-parents, le rabbin, qui dirige l'office, lui donne une lettre écrite par sa femme, où elle lui dit qu'elle l'a trompé pendant cinq ans. Avec son meilleur ami.

EMMA. Pourquoi elle a donné cette lettre au rabbin ?

ERIK. Avec moi. *Pause.* Ma femme savait. Il ne savait rien. *Courte pause.* Elle était devenue croyante. Elle avait prévu de déménager à Jérusalem.

La musique, The Wind, *Keith Jarrett.*

TREIZE

Hôpital de Sabbatsberg, les urgences, septembre 1992.

ANN, *entre.* Bonjour. Comment ça va ?

STEFAN, *assis sur un tabouret, avec un T-shirt déchiré, sale, et un pantalon prêté par l'hôpital, pas de chaussures. Une robe de chambre blanche est jetée sur la chaise.* Comment ça va ?

ANN. Oui.

STEFAN. Vous devriez le savoir. C'est vous le médecin. Je suis le patient. *Courte pause.* N'est-ce pas ? *Pause.* Je suis où ?

ANN. Vous êtes à Sabbatsberg, aux urgences. Vous avez été en soins intensifs pendant vingt-quatre heures.

STEFAN. Bien. OK. *Pause.* Qu'est-ce que je faisais là-bas ?

ANN. Vous dormiez.

STEFAN. Bien. Il est quelle heure ?

ANN. Il est… deux heures moins vingt.
STEFAN. Aujourd'hui ?
ANN. Oui. Aujourd'hui.
STEFAN. Pourquoi ? *Courte pause.* Pourquoi j'ai passé du temps en… Comment vous avez dit ?
ANN. En soins intensifs. Pourriez-vous vous redresser ? *Stefan, qui est à moitié allongé sur la chaise, se redresse lentement.* Merci. Vous aviez avalé une très grande quantité de barbituriques.
STEFAN. Je n'étais pas redressé ? *Pause.* Pourquoi ?
ANN. Savez-vous quelle sorte de barbituriques c'était ?
STEFAN. Pourquoi j'ai fait ça ? *Pause.* Répondez à ma question.
ANN. Vous avez pris… quelle sorte de pilules ?
STEFAN. Quelle sorte ? *Courte pause.* Blanches. *Courte pause.* Elles étaient blanches.
ANN. Combien ?
STEFAN. Je ne crois pas. Je ne les ai pas comptées. Je les ai avalées. *Pause.* J'allais dire quoi ?
ANN. C'est une chose assez grave pour nous.
STEFAN. Qui ça ? Vous êtes combien ?
ANN. Un peu moins de chance et vos poumons auraient pu être paralysés.
STEFAN. Oh la la. *Pause.* Vous êtes médecin ?
ANN. Oui. Je suis médecin ici.
STEFAN. Je sais qui vous êtes. *Pause.* Vous savez qui je suis, n'est-ce pas ?
ANN. Oui.
STEFAN. Bien. *Courte pause.* Je suis qui ?
ANN. On s'est déjà rencontré… à Florence.
STEFAN. Je sais qu'on s'est rencontré à Florence, mais je suis qui ? *Pause.* Florence ? Je croyais que c'était au Dramaten. Je vous ai rencontrée au Dramaten à la première de ma pièce… au Dramaten.
ANN. On s'est rencontré au Dramaten et à Florence.

STEFAN. Maintenant je comprends. Je peux vous toucher ? Je peux caresser votre chatte ?

ANN. Non.

STEFAN. Je ne peux pas ?

ANN. Non.

STEFAN. Pourquoi pas ? Je suis doué pour ça. Vous aimeriez ça. J'aimerais ça. Je suis doué pour ça. On dit que je suis doué pour ça. Je sais que je suis doué pour ça. Vous êtes qui ?

ANN. Savez-vous pourquoi vous avez essayé de vous suicider ?

STEFAN. Je peux vous tenir la main ? *Pause.* Vous pourriez me tenir la main pendant que je vomis. Je crois que je vais vomir.

ANN. Vous aimeriez parler à un psy ?

STEFAN. Je veux vous parler. C'est agréable de vous parler. *Courte pause.* Est-ce que j'ai essayé de tuer quelqu'un ?

ANN. Oui.

STEFAN. Qui ?

ANN. Vous.

STEFAN. Moi ?

ANN. On dirait bien.

STEFAN. Pourquoi je voudrais me tuer, alors qu'il y en a tant d'autres que j'aimerais tuer ?

ANN. Qui ?

STEFAN. Qui sait. Je ne sais pas. *Pause.* Maintenant je sais. Ma petite amie... elle veut divorcer. Se séparer. Rompre. Elle a rencontré quelqu'un d'autre. Un autre homme. Vous savez comment c'est. *Courte pause.* Je peux garder cette robe de chambre ? Je peux la prendre chez moi ?

ANN. Elle veut divorcer ?

STEFAN. Je veux rentrer chez moi. *Courte pause*. Qui ?

ANN. Votre... petite amie.

STEFAN. Emma ? Non, elle veut baiser. Être baisée. Elle

ne veut pas divorcer. On n'est pas marié. Ma femme veut divorcer. Se séparer. Rompre. Me quitter. Elle m'a quitté. Elle s'appelle… Cecilia. Ma petite amie veut baiser. Être baisée. Mais pas par moi. Vous savez comment c'est. Elle s'appelle Emma. *Pause.* Hé, on a déjà parlé de ça. ON a déjà parlé de ça une fois avant. Vous et moi. On a parlé de ça. Vous étiez assise ici et moi là. *Montre.* Je crois que je vous aime.

ANN. Je n'aime pas le mot « baiser ». J'ai du mal à mettre ce mot dans ma bouche. Je me sens bizarre quand je dis « baiser ».

STEFAN. Je suis désolé. Je ne voulais pas. C'est vrai.

ANN. On est obligé de transférer tous les patients suicidaires à la clinique psychiatrique.

STEFAN. Pourquoi pas ? Faites-le. *Courte pause.* C'est agréable là-bas ?

ANN. Vous comprenez ce que je dis ?

STEFAN. Oui. Oui. J'ai bien dit « pourquoi pas ? ». *Courte pause.* Faites-le alors. *Courte pause.* Je dois me présenter sous mon vrai nom ? *Pause.* Vous m'avez demandé quoi ?

ANN. Non, je ne vous ai rien demandé.

STEFAN. Est-ce que j'ai pleuré ? *Courte pause.* Je pleurais ?

ANN. Je ne sais pas.

STEFAN. J'ai le SIDA ?

ANN. Le SIDA ?

STEFAN. Une maladie. *Courte pause.* Est-ce que je… l'ai ?

ANN. Pourquoi l'auriez-vous ?

STEFAN. Je suis allé au Zimbabwe il y a trois ans. De 1989 à 1889. Janvier. Je devais écrire un article. Faire des recherches. Je voulais écrire sur la réalité. Le cœur de la réalité. Bruce Chatwin. Seul. Pas de photographe. J'ai pris la grande route pour descendre en Namibie et en Afrique du Sud. 1 700 km. À travers le Zimbabwe. J'ai voyagé avec les routiers. Je voulais voir comment c'était.

Vous devriez voir comment c'est. À quoi ça ressemble. Les endroits où les routiers s'arrêtent. Des petites cabanes à baise. Juste un matelas sale sur le sol. Des filles jeunes. Des petites filles, dix, onze, douze, treize, quatorze ans. Malades. Affamées. Eczéma. Tâches. Comme des mouches. Elles meurent comme des mouches. Elles sont comme des mouches autour des camions. On a des mouches sur le visage. À l'intérieur des chemises, dans les pantalons. La seule lumière qui soit vient des phares de camions. Prendre des photos dans la lumière des phares. Mais ils peuvent faire quoi ? Ceux qui sont censés faire quelque chose. L'ONU. L'OMS. La Croix-Rouge. Médecins sans frontières. L'OTAN. L'Union européenne. Rien. Ils ne peuvent rien faire. C'est comme essayer d'éclairer le Globen [1] avec un briquet Bic. J'ai couché avec quelqu'un là-bas. Une ombre. Pas pu dire non. Il y en avait tant.

ANN. Vous avez fait une prise de sang ?

STEFAN. Moi ? Non.

ANN. Vous ne voulez pas savoir la vérité ?

STEFAN. Je ne sais pas. *Courte pause.* Oui et non à la fois, à vrai dire. C'est possible de savoir la vérité ?

QUATORZE

Ann, Erik, leur domicile, septembre 1990.

ANN. On dirait Paris.

ERIK. Peut-être. Ça pourrait être Strasbourg. Ou Rome. Près de la Piazza Navona.

1. Globen : arène couverte, en forme de globe, située dans la banlieue sud de Stockholm, où ont lieu des concerts de rock, des compétitions sportives ou autres grands événements.

ANN. Ou Gênes. Milan.

ERIK. Milan ?

ANN. Marseille. N'importe quelle grande ville en Europe. Où l'on parle français. *Courte pause.* C'est Paris. J'en suis sûre. J'en suis carrément sûre, putain. C'était la Banque nationale. De l'autre côté. Tu l'as vue ?

ERIK. Il n'y a pas de palais aussi grands à Gênes. N'est-ce pas ? *Courte pause.* Ça aurait pu aussi bien être la Banque Nazionale. *Courte pause.* On ne peut pas entendre ce qu'ils disent... ce dont ils parlent.

ANN. Je ne veux pas entendre ce qu'ils disent. Ce n'est pas ce qu'ils disent qui est important.

ERIK. Qu'est-ce qui est important alors ?

ANN. C'est ce qu'ils disent quand ils disent des phrases sans mots, qui est important. Pas ce dont ils parlent. *Courte pause.* Maintenant ils traversent la place.

ERIK. Oui, ce n'est pas Sienne. *Pause.* Maintenant ils descendent les escaliers.

ANN. Ils montent les escaliers. *Courte pause.* Les gens se retournent et les regardent. Ils remarquent qu'il y a quelqu'un qui les suit et les filme. Probablement plusieurs personnes. Ils pensent qu'ils sont sur un tournage de film. Ils pensent qu'il y a trois acteurs. Ils ressemblent à des stars internationales. Ils ont l'air célèbres. Ils pourraient être acteurs dans un film d'Éric Rohmer. / Ils ne ressemblent pas à des touristes ordinaires. La plupart des gens ne connaissent pas Éric Rohmer.

ERIK. Au fait, tu as aimé Sienne ?

ANN. J'ai aimé ? *Courte pause.* Elle est belle. Rayonnante. Inhabituellement rayonnante. Pour faire ce qu'elle fait. Pour être ce qu'elle est. Ce type de femme. On se demande ce qui ne va pas. Ce qui a mal tourné. Qu'est-ce qui a mal tourné ? Où est la blessure ? Où est le foyer de l'infection ? Pourquoi une femme, aussi jeune et belle, a choisi de faire ça ? Pourquoi n'est-elle pas vendeuse ou maquilleuse ?

ERIK. Je ne sais vraiment pas. *Courte pause.* Elle serait vendeuse où ?

ANN. N'importe où. Dans un magasin duty free où l'on achète du parfum ou des sacs à main... dans un aéroport... dans un centre commercial.

ERIK. Je ne sais vraiment pas. *Pause.* Là, ils s'approchent de la fontaine. Là, elle se penche.

ANN. Là, elle boit.

ERIK. Là, elle relève sa jupe.

ANN. C'est lui. C'est lui qui relève sa jupe.

ERIK. C'est lui ?

ANN. Son mari.

ERIK. Tu es sûre ? Son mari ? *Courte pause.* Tu en es sûre ?

ANN. C'est toi. *Courte pause.* J'en suis sûre.

ERIK. Ils sont mariés ?

ANN. Oui. Tu ferais ça ?

ERIK. Relever sa jupe ? Absolument.

ANN. Tu ferais ça... tu relèverais ma jupe devant tout le monde, juste comme ça, sans hésitation, en passant, comme si c'était par hasard, mais quand même d'un geste très direct, nonchalant et audacieux et pourtant brutal ?

ERIK. Oui. / Absolument. Si tu le veux. Je le ferais. Au fait, je suis qui ?

ANN. Tu ne le sais pas ?

ERIK. JE suis qui, je veux dire. Tu bois quoi ?

ANN. Tu es lui. L'homme à gauche. Tu es mon mari. C'est mon mari. Ils sont mariés.

ERIK. Comment tu le sais ? Ils viennent peut-être juste de se rencontrer... à l'hôtel... ils ont déjeuné ensemble dans le restaurant.

ANN. Pas du tout. Ils sont mariés depuis onze ans. *Courte*

pause. Maintenant ils marchent dans la ruelle. À l'ombre. Il regarde tout autour pour voir si personne ne vient.

ERIK. Je regarde juste pour voir si personne ne vient.

ANN. Il y a quelqu'un ? *Pause.* Est-ce que quelqu'un vient ?

ERIK. Non. *Courte pause.* Non.

ANN. Sûr ?

ERIK. Je ne vois personne.

ANN. Alors dépêche-toi.

ERIK. Ah.

ANN. Avant que quelqu'un vienne. Profites-en pour la regarder. Regarde comment ça lui fait plaisir. Il la touche. Mes tétons sont très durs. Noirs. Il les touche. Tu ouvres la bouche. Tu cries. Mais ça ne s'entend pas. Est-ce qu'elle me ressemble ?

ERIK. Oui, beaucoup. C'est ça qui m'a frappé. C'est toi. Je pensais que c'était toi. Ça doit être toi.

ANN. C'est moi.

ERIK. C'est toi ?

ANN. C'est moi. Je la comprends. Je sais exactement ce qu'elle ressent.

ERIK. Je sais. *Courte pause.* Maintenant tu la caresses.

ANN. Où ?

ERIK. À travers le tissu.

ANN. Oui.

ERIK. Tu ouvres la braguette.

ANN. J'ouvre la braguette.

ERIK. Tu ouvres la braguette et tu la sors et tu la tiens.

ANN. J'ouvre la braguette et je la sors et je la tiens.

ERIK. Tu la tiens. *Courte pause.* Elle est grosse.

ANN. Très. Oh, elle est si grosse.

ERIK. Très grosse. *Pause.* Tu te baisses.

ANN. Oui. Je veux ça.

ERIK. Tu ouvres la bouche.

ANN. J'ouvre la bouche.

ERIK. Tu aimes ça ?

ANN. Je n'aime pas. J'adore. Ça me rend folle.
ERIK. Je vois ça.
ANN. Tu le vois bien.
ERIK. Il est circoncis.
ANN. Ils le sont toujours. C'est leur style. C'est leur métier.
ERIK. Et moi ?
ANN. Toi ?
ERIK. Je fais quoi ? Je dois faire quoi selon toi ?
ANN. Tu dois souffrir. Tu dois juste regarder et souffrir. *Courte pause*. Tu souffres ?
ERIK. Oui. *Pause*. Oui.
ANN. Beaucoup ?
ERIK. Je crois que oui.
ANN. Je peux voir ?
ERIK. C'est à l'intérieur.
ANN. Bien. *Courte pause*. Arrête. Reviens en arrière. Il y avait quelque chose là. Reviens en arrière. *Courte pause*. Là. Stop. C'est là. Tu vois ? C'est Paris. C'est le pont de l'Alma. Tu le reconnais ? C'est là qu'on marchait. Voilà le café. C'est là qu'on était assis. Je le savais. Je savais que c'était Paris. Je ne te l'avais pas dit ? *Courte pause*. Est-ce qu'on ne devrait pas demander à quelqu'un de passer ?
ERIK. Maintenant ?
ANN. Et qu'il me baise jusqu'à la moelle.
ERIK. Oui.
ANN. Tu veux bien ?
ERIK. Oui, je veux bien. *Courte pause*. Qui ?
ANN. Qui tu veux. *Pause*. Qu'est-ce qu'il se passe ? Pourquoi tu t'arrêtes ? *Courte pause*. Continue. C'était si bon. Fais-moi un enfant. *Pause*. Tu ne peux pas me faire un enfant ?
ERIK. Je crois que j'ai entendu Daniel. Je crois que j'ai entendu quelqu'un appeler.
ANN. Il dort. Je l'ai tenu dans mes bras jusqu'à ce qu'il

s'endorme. Je me suis presque endormie. Je pense même avoir dormi un instant.

ERIK. Bien.

ANN. Il a dit maman. Il m'a dit maman.

QUINZE

Appartement d'Erik et Ann, 7 h 30 du matin, octobre 1992.

ERIK, *en robe de chambre, boit du café et lit le journal tout en écoutant de la musique, Bach. Ann vient de partir à l'hôpital de Sabbatsberg. L'interphone sonne dans l'entrée. Il croit peut-être qu'Ann a oublié quelque chose. Il marche vers la porte et décroche l'interphone.* Oui ? Tu as oublié quelque chose ?

EMMA. Salut ! Est-ce que tu te souviens de moi ?

ERIK. Allô ?

EMMA. J'ai dit, est-ce que tu te souviens de moi ?

ERIK. Oui. *Courte pause.* Qui est-ce ?

EMMA. Tu pensais quoi ?

ERIK. Comment ça je pensais quoi ? / Quoi donc ?

EMMA. Tu penses tout décider ? Je crois que oui. Ou alors tu es tout simplement un homme très occupé. *Pause.* Ah oui.

ERIK. Qu'est-ce qu'il y a ?

EMMA. Je suis où ? Ici. Je suis ici. Ouvre-moi.

ERIK. Maintenant ? *Courte pause.* Tu veux quoi ?

EMMA. Tu crois que je veux quoi ? *Courte pause.* Ouvre-moi et tu verras.

ERIK. Je ne pense pas que... je ne pense pas que...

EMMA. Ouvre-moi et je te montrerai mes seins. Les deux. Tu verras comment je regarde mes seins. Je verrai comment tu regardes mes seins.

ERIK. Bien, ça me semble... mais... On ne pourrait pas se voir plus tard...

EMMA. Ils sont devenus si petits, si petits, si minuscules.

ERIK. Un peu plus tard... Je ne suis pas encore habillé. On ne pourrait pas déjeuner ensemble. Plus tard. À l'heure du déjeuner.

EMMA. Je t'ai déjà vu nu. Tu crois que c'était agréable ?

ERIK. Oui.

EMMA. Oui ça l'était. C'était une sensation délicate. N'aie pas peur. Ta femme ne va pas mourir.

ERIK. Allô ? *Courte pause.* Qu'est-ce que tu dis ?

EMMA. Tu l'aimes encore. *Courte pause.* N'est-ce pas ?

ERIK, *appuie sur le bouton de l'interphone.* J'ouvre. *Pause.* Tu montes ? *Courte pause.* Allô ? *Il marche de long en large. Se regarde dans le miroir. Ensuite la sonnette de la porte d'entrée retentit. Il ouvre la porte. Emma est là, pieds nus.*

EMMA. Tu as la trouille, espèce de trouillard ?

ERIK. Peut-être. *Courte pause.* Entre. *Regarde ses pieds nus.* Il est arrivé quelque chose ?

EMMA. Tu as parlé à Ann ? Tu lui as parlé de moi ?

ERIK. Où sont tes chaussures ?

EMMA. Je n'ai pas besoin de chaussures. De toutes façons, elles sont trop petites. *Elle l'entraîne dans le grand salon, jette à peine un regard autour d'elle, l'amène sur le canapé, le fait s'asseoir. Quand il essaie de se relever, elle le repousse.* Assieds-toi. Je veux te parler.

ERIK. Calme-toi.

EMMA. Je suis calme. Je suis incroyablement calme. Tu vas lui parler quand ?

ERIK. Je t'ai dit de te calmer. *Sa robe de chambre s'ouvre, il la referme.*

EMMA, *soudain furieuse.* Ne me dis pas ce que je dois faire !

ERIK. Je ne le fais pas.

EMMA. Dis-moi ce que tu vas faire ! Tu vas faire quoi ? Tu

vas lui parler ? Quand ? Quand vas-tu lui parler ? Tu vas lui dire quoi ?

ERIK. Je vais lui parler. Bientôt. Très bientôt. Dès qu'elle aura un soir de libre.

EMMA. Tu vas lui dire quoi ? Tu vas lui donner des faits ou lui dire la vérité ? Tu vas lui dire que tu la quittes un petit moment pour une femme de dix-sept ans plus jeune qu'elle, pour trois mois ou quelque chose comme ça, et ensuite tu reviendras vers sa vieille et douce étreinte juive, ou bien tu vas lui dire que tu la quittes pour de bon ? *Chante sur la musique de Bach. Change son ton de voix.* Pourquoi tu veux toujours connaître mes projets, ce que je vais faire, ce sur quoi je travaille, où je vais habiter, comment je passe mon temps et quels films je veux voir ? Je ne sais rien de tes projets ou de ce qui t'intéresse, et à vrai dire je suis trop polie pour demander... mais comment tu as planifié les choses en fait ? Comment tu as planifié ton monde ? Tu as fait une radio de tes poumons ? Tu es satisfait de ton médecin traitant ? Quel genre de voiture tu vas acheter la prochaine fois ? Tu l'as préparée à une petite catastrophe de rien du tout, un tremblement de terre qui va briser toutes les fenêtres de la maison, mais qui va laisser la maison intacte et qui va frapper son existence entière ? Tu ne crois pas qu'elle se battra bec et ongles, de toutes ses forces, pour te garder toi et ce qu'il reste de toi ? Ou peut-être vous sublimerez votre relation en quelque chose qui ressemble à de l'amitié ?

ERIK. Ça me semble une bonne idée.

EMMA. Tu trouves ? Je trouve que ça commence à devenir ennuyeux de t'attendre, mon petit vieux. Mais j'attendrai volontiers. Je vais mettre mes sentiments au congélateur pendant un temps, mettre ma vie amoureuse dans une consigne à Grand Central Station etc, c'est OK. C'est OK de s'asseoir à Polo Grounds et de regarder un match qui commencera dans six mois, c'est OK, je suis habituée. Après on ira à l'*Oyster Bar* dans Grand Central Station, une fois qu'on sera marié. C'est vraiment ce que tu veux ?

ERIK. Ça me semble sympa.

EMMA. Que j'attende ? Attendre quoi ? Qu'est-ce que j'attends ? Dis-moi juste ce que j'attends, et j'y réfléchirai ? Est-ce que je dois t'attendre ? Est-ce que tu en vaux la peine ?

ERIK. Oui, qu'est-ce que tu en penses ?

EMMA. Je ne sais pas. En ce moment je ne suis vraiment sûre de rien à vrai dire. Est-ce je peux te donner ma réponse un peu plus tard ?

ERIK. Ça me va. *Courte pause. Il se lève. Elle le repousse encore dans le sofa.* Tu veux quelque chose ?

EMMA. Ce serait quoi ?

ERIK. Je ne sais pas.

EMMA. Tu as des Häagen-Dazs ?

ERIK. Des Häagen-Dazs ? Les glaces ?

EMMA. Oui, c'est ça. Ce sont des glaces. Ce sont des glaces Häagen-Dazs. Est-ce que tu en as ?

ERIK. Non, je ne pense pas qu'on ait des glaces.

EMMA. Pas de glaces. Tu ne peux pas aller voir ?

ERIK. Je n'ai pas besoin d'aller voir. Je sais qu'on n'en a pas.

EMMA. Sûr ?

ERIK. Désolé.

EMMA. Vous partagez tout ? Pas seulement les glaces.

ERIK. Je pense que ça fait des années qu'on n'a pas acheté de glaces.

EMMA. Celles au chocolat sont les meilleures. Si jamais vous devez en acheter.

ERIK. Ah bon. *Courte pause.* Il serait peut-être temps que je m'habille maintenant ?

EMMA. Attends ! J'ai quelque chose à te montrer. Je suis

venue ici pour te montrer quelque chose. Je l'ai ici. C'est un livre. C'est pour ça que je suis venue. Je sais que tu seras content de le voir. *Sort un livre*. Regarde. *Hélico et l'oiseau* de Barbro Lindgren [1]. Je pense que c'est l'un des meilleurs auteurs suédois. Ça parle de toi. C'est toi. Je vais te le lire, tout le livre.

ERIK. Non, pas maintenant. On ne peut pas faire ça plus tard ?

EMMA. Non, on ne peut pas. Il faut le faire maintenant. Maintenant on va lire. Voici la première page. Regarde les images. Me voilà. C'est toi. Tu es assis sur une feuille. Tu es heureux. Tu vois comme tu es heureux ? D'habitude, tu n'es jamais aussi heureux. Tu vois ? Tu peux avoir l'air aussi heureux ? Pourquoi tu es si heureux ? C'est parce que tu es un petit aviateur. Tu peux voler. Tu peux voler où tu veux. Tu es libre. Regarde là maintenant... Tu veux jouer au papa et à l'enfant, au papa et à l'enfant ? Si tu fais l'enfant, je fais le papa, dis-tu. Tu es le papa. *Pause*. Qui est l'enfant alors ? Voyons. D'abord je dois te donner le bain. Après tu auras à manger... Et qu'est-ce qu'il se passe ensuite ? Ah oui, tu dois apprendre à marcher... Et maintenant je dois finir l'histoire. Ça va super vite. Regarde... Et alors, le vilain petit canard devint un magnifique cygne... Après on va chanter, toi et moi... Qu'est-ce qu'on va chanter ? Eh bien, dans la lumière de la lune sont assis deux petits oiseaux sur une branche... En ce moment même... Et que se passe-t-il après ? Eh bien maintenant on va voler. *Elle agite les bras*. On fait comme ça ! C'est super facile ! Après on atterrit comme ça... Essaie !

ERIK. Oui c'est beau.

EMMA. Regarde. Tu ne peux pas t'écraser ! Qu'est-ce que

1. Barbro Lindgren, écrivaine suédoise de livres pour enfants.

je t'avais dit ? *Courte pause.* Je me suis fait jolie pour toi. Je suis en période d'ovulation. Je veux un enfant de toi. Plus tard. Quand tu auras divorcé de c'est quoi son nom. Je serai gentille avec ton fils. Je serai sa grande sœur. Je ne veux pas être sa maman. Je l'aime. Je l'aimerai quand on se rencontrera. Quand je le rencontrerai. Ce sera naturel d'être sa sœur. J'irai avec lui au cinéma. Je lui raconterai des histoires drôles. Je lui apprendrai à aimer le jazz. Je n'avais aucune vie sexuelle avec Sean, alors peut-être que tout est mort maintenant. Il avait seulement un chien pour réconfort. Ça m'a fait mal quand tu m'as pénétrée mais c'est agréable, c'est agréable d'avoir quelqu'un. Quelqu'un à l'intérieur de soi. Alors voyons. Si tu n'as pas le temps d'étendre tes ailes, j'apporterai un filet. Il n'est pas joli ? Génial ! Tu es formidable dis-donc. Regarde. Ils peuvent voler aussi. Mais ils ne peuvent sans doute pas faire des loopings comme toi. Eux non plus. Fais cui-cui un peu plus fort ! Hé, regardez maintenant ! Qu'est-ce que vous en dites ? *Courte pause.* Tu es le meilleur. *Pause.* Maintenant c'est fini. Ça t'a plu ?

ERIK. Oui.

EMMA. Ça t'a plu ?

ERIK. Oui, absolument.

EMMA. On le prend avec nous. *Tire la couverture, qui était sur le sofa, sur elle.* Est-ce qu'on ne peut pas se cacher pour qu'ils ne nous trouvent pas. *Tire la couverture sur eux deux.* C'est horrible dehors. Les Nazis ont trouvé mon nom. Ils savent que je m'appelle Hedda. Hedda Nussbaum.

SEIZE

Appartement d'Erik et Ann, dimanche, une semaine plus tard, octobre 1992.

ANN, *cherche dans les annonces du journal.* Non. Je ne trouve rien.

ERIK. Non ?

ANN. Rien d'intéressant en tout cas. À moins que tu n'aies envie de voir *Grease* au Théâtre China. Ou *Autant en emporte le vent.*

ERIK. Non merci.

ANN. Alors je ne sais pas.

ERIK. On pourrait simplement aller se promener.

ANN. On a vu tout le reste. *Courte pause.* Oui, pourquoi pas ? *Courte pause.* Où ça ?

ERIK. N'importe où. A Djurgården [1]. En ville. N'importe où.

ANN. Oui... on pourrait faire ça, peut-être. *Courte pause.* J'ai vu une belle robe noire au NK que je devrais peut-être regarder de plus près.

ERIK. Bien sûr. *Courte pause.* On pourrait aller au NK. Ensuite, on pourrait aller quelque part manger un morceau.

ANN. Je voudrais la revoir. Maintenant que j'ai perdu du poids. Sept kilos.

ERIK. Tant que ça ?

ANN. Yes. *Courte pause.* Cette fille...

ERIK. Qui ?

ANN. Comment elle s'appelle ? Emma. On l'a rencontrée à Florence l'été dernier. Elle ne s'appelle pas Emma ?

ERIK. Emma ? Oui, je crois.

1. Quartier de Stockholm où se trouve le parc zoologique de Skansen, le musée de Vasa et de nombreux espaces verts.

ANN. Elle a été admise à l'hôpital de Sabbatsberg, hier.
ERIK. Ah bon ? *Courte pause.* Hier ?
ANN. Au service psychiatrique. Le service 7 A. *Courte pause.* Psychotique. *Pause.* Il y a un concert à Berwaldhallen qu'on pourrait aller écouter. Le *Requiem* de Mozart. *Regarde sa montre.* À 5 heures. Dans deux heures. Tu veux y aller ?
ERIK. OK.
ANN. On aura le temps. J'aurai aussi le temps de passer au NK.
ERIK. OK. *Courte pause.* NK alors ?
ANN. C'est ce que je viens de dire. On aura aussi le temps de passer au NK. *Courte pause.* Qu'est-ce que tu en dis ?
ERIK. Bien sûr. Ça m'a l'air bien.

DIX-SEPT

Emma et Stefan dans le couloir de l'hôpital Sabbatsberg, service 7 A, novembre 1992. Soir.
Ils sont assis sur un banc, côte à côte, ils chantent « En gång jag seglar i hamn [1] *», la rendent plus rythmée et plus jazzy. Ils sont heureux, soudain, ils arrêtent de chanter.*

STEFAN, *en robe de chambre.* Nous voilà assis là.
EMMA. Nous sommes assis ?
STEFAN. Ne dis pas ça. Ça m'inquiète. J'ai peur que nous ne le faisions pas quand tu dis ça. J'imagine que nous pourrions ne pas être là. *Courte pause.* Nous y sommes ?
EMMA. Je crois. *Courte pause.* Il pleut ?
STEFAN. Tu as l'impression qu'il pleut ?
EMMA. Tu as eu des visites ?

1. Chanson populaire suédoise écrite par Stig Ohlin : *Un jour, j'arriverai au port dans mon voilier.*

STEFAN. Je ne veux pas de visites. Pas avec la tête que j'ai. C'est si joli ici. De partout. C'est si joli et propre. Tu as remarqué comme c'est propre. Tout est d'une pruderie sado-anale.

EMMA. Pruderie ?

STEFAN. Quoi ?

EMMA. Le mot « pruderie ». Ça fait longtemps que je ne l'avais pas entendu.

STEFAN. Je veux dire propreté. Pas pruderie. Propreté. *Courte pause.* Il pleut ?

EMMA. Oui. Il pleut. On chante encore une fois ?

STEFAN. On attend un peu non ?

EMMA. On regarde la télé ?

STEFAN. J'ai un peu mal à la gorge. Je peux tomber malade, moi aussi. Je ne peux pas être en bonne santé tout le temps.

EMMA. Il faut prendre de l'Echinaforte. Une cuillère à café dans la moitié d'un verre d'eau. Mais ne bois pas directement à la bouteille.

STEFAN. Ce n'est pas très sympa pour les personnes suivantes.

EMMA. Je voulais dire que ça perdrait de sa force.

STEFAN. Ah bon. Comment tu te sens ?

EMMA. Comme ci, comme ça.

STEFAN. Ils disent quoi, qu'est-ce qui ne va pas chez toi ?

EMMA. Tout va bien chez moi.

STEFAN. Alors c'est quoi ?

EMMA. Je suis schizophrène.

STEFNA. Et alors, quel est le problème ?

EMMA. Il n'y a pas de problème. Pas pour moi. C'est un problème pour toi ?

STEFAN. Non, pas du tout. Pourquoi ce serait un problème ?

EMMA. Non, je veux dire... est-ce que j'ai l'air schizophrène ou quoi ?

STEFAN. Non, je ne pense pas. On a l'air de quoi dans ce cas-là ?

EMMA. Et bien, on a probablement l'air... schizophrène d'une certaine manière.

STEFAN. Je trouve que tu as l'air comme d'habitude.

EMMA. Je suis tombée amoureuse. J'imagine que c'est la même chose qu'être schizophrène.

STEFAN. Je suis venu ici de moi-même, par ma propre volonté. Je peux partir demain si je veux. Je peux partir ce soir. Demande à Stefan.

EMMA. Stefan ? Mais c'est toi. C'est toi Stefan.

STEFAN. Non, je voulais dire l'autre Stefan, l'infirmier. Celui qui te dit où trouver les draps. Celui qui apporte les médicaments. Demande-lui. J'ai demandé à venir ici, d'une part parce que je me sentais un peu fatigué. D'autre part parce que j'ai besoin de matière pour une pièce que je vais écrire. Je pensais pouvoir combiner ces deux raisons. Je vais écrire une pièce sur des gens dans un asile.

EMMA. Pour qui tu écris ? Pour l'éternité ?

STEFAN. Pour l'éternité ? Je n'en ai rien à foutre de l'éternité. L'éternité n'a pas bougé son petit doigt pour moi. Je l'écris pour des acteurs. Mais pour être capable de l'écrire, je dois savoir comment c'est. Comment est la nourriture ? Les patients peuvent-ils mettre la table et se servir eux-mêmes ? Les chambres sont-elles grandes ? Qu'arrive-t-il au linge sale ? Quelle sorte de livres ont-ils à la bibliothèque de l'hôpital ? Combien ont été victimes d'inceste ? Y a-t-il un père ici qui aurait abusé de son fils ? Quel âge avait le fils la première fois que c'est arrivé ? Est-ce que la mère le savait ? Les patients ont-ils le droit de porter leurs propres vêtements ? Peut-on voir la différence entre le personnel médical et les patients, et dans ce cas, comment... à leurs habits, à leur comportement ou à leur apparence ? Les docteurs SONT-ils des immigrés ? Ils parlent de quoi ? Ils bougent comment ? Ils disent quoi ? Ils disent quoi quand ils arrivent à des phrases qui n'ont pas de mots ? Ils disent quoi quand les mots ne sont plus des mots ? Quelle sorte de gens se trouve ici ?

EMMA. Des gens comme toi.

STEFAN. Exactement. Des choses comme ça. Tu te rappelles la première fois qu'on s'est rencontré ?

EMMA. Oui. *Courte pause.* C'était quand ?

STEFAN. La première fois. C'était la première fois. Tu te rappelles ?

EMMA. Oui, je me rappelle. Non, je ne me rappelle pas.

STEFAN. Ah oui, bien sûr, tu es schizophrène.

EMMA. Je me rappelle que j'ai vu ta première pièce. C'était au Dramaten. Je trouvais qu'elle était bien.

STEFAN. Pourquoi ?

EMMA. Je trouvais en tout cas qu'elle était meilleure que les pièces de Paul Auster.

STEFAN. Paul Auster n'a jamais écrit de pièce.

EMMA. Non ? J'ai trouvé qu'elle était meilleure.

STEFAN. Il n'en a jamais écrit. Il n'en a pas écrit. Merde, comment peut-elle être meilleure que quelque chose qui n'existe pas ?

EMMA. Sa pièce... n'existe pas ?

STEFAN. Non, la mienne. Ma pièce. Comment peut-elle être meilleure qu'une pièce qui n'existe pas ?

EMMA. Elle doit l'être. Je l'ai vue. Elle existe. Elle existait en tout cas. Je l'ai vue au Dramaten. Dans la Målarsalen. On ne peut pas parler d'autre chose. On ne peut pas parler d'autre chose que de toi ? Tu parles de toi tout le temps.

STEFAN. OK. Je ne vais plus parler de moi. *Courte pause.* Maintenant tu peux parler de moi.

EMMA. Je ne veux pas parler de ces choses-là.

STEFAN. Quelles choses ?

EMMA. Ces choses dont tu parles.
STEFAN. Avec qui je peux parler... de ces choses-là.
EMMA. Tu peux en parler avec ton père.
STEFAN. Mon père ?
EMMA. Oui.
STEFAN. Je ne peux pas parler à mon père. Ça ne marche pas. Il est mort. Il est mort hier. J'étais là-bas toute la journée. J'avais apporté cinq roses blanches. J'étais seul avec lui. Je suis resté assis dans la chambre toute la journée et je le regardais. Ça me réjouissait de le voir mourir. J'étais triste qu'il meure. Parce qu'alors c'était fini. Je ne pouvais plus l'atteindre. C'était trop tard. Il a essayé de dire quelque chose. Il ne pouvait rien dire, il ne pouvait pas protester, il ne pouvait pas mentir ni supplier. Quand je suis arrivé à l'hôtel Gramercy Park à New York, où d'ailleurs, j'ai eu des problèmes avec les toilettes qui ont débordé la première nuit, le réceptionniste m'a demandé mon nom. J'ai dit que mon nom, mon nom est Paul Tillich. Je m'appelle Paul Tillich. Il m'a alors regardé et a dit : Tillich ? Oui, ai-je dit. Tillich. Tillich... with a C and an H ? J'ai répondu : with a C and an H, certainly with a C and an H. *Courte pause.* Je pense à ça jour et nuit, enfin presque. Tillich... with a C and an H ? Et comment je réponds : with a C and an H, certainly with a C and an H. Et c'est pour ça que je suis ici, aussi étrange que ça puisse paraître.
EMMA. Ici ? *Courte pause.* Où ?
STEFAN. Dans cet endroit. Aussi étrange que ça puisse paraître. *Il met la main sur sa cuisse droite. Elle porte une courte jupe grise, des bas noirs. Il glisse la main entre ses cuisses – on voit sa culotte blanche – elle écarte les jambes.*
Plus loin, une fille, à peu près dix-sept ans, est assise sur une chaise. Elle est catatonique. Son père va et vient. Il

s'arrête devant elle, la prend par les épaules, la secoue violemment.

PÈRE. Ressaisis-toi ! *Il la secoue.* Arrête ça ! *Pause.* Arrête ! *Pause.* Gunilla ! *Courte pause.* Qu'est-ce qui ne va pas chez toi ? Putain, qu'est-ce qu'il y a ? Combien de temps tu vas faire ça ? Allô.

Pause. Il s'assied. Putain. *Plus calme.* Bordel, arrête maintenant. *Courte pause.* J'ai vu tout ça maintenant… je sais que tu peux le faire… mais maintenant ça suffit. *Courte pause.* Dis quelque chose. Tu peux dire quelque chose, non. Essaie de dire quelque chose. N'importe quoi. *Pause.* Je suis venu ici… je suis là maintenant. *Pause.* Tu veux faire quelque chose ? Il y a quelque chose que tu aimerais faire ? *Pause.* Non ? *Pause.* Tu veux aller te promener ou faire je ne sais pas quoi merde ? OK. *Pause.* J'en ai marre de tout ça maintenant. *Pause.* Tu crois que c'est comment pour moi ? *Pause.* Regarde mes chaussures… comment sont-elles devenues si sales ? *Courte pause.* Je suis obligé de prendre le bus à Vasaparken. Et de rester là à attendre. N'est-ce pas ? Je vais dans l'autre direction. Et le bus ne vient pas. *Pause.* Je n'ai pas la voiture aujourd'hui. J'ai dit, je n'ai pas la voiture aujourd'hui. *Pause.* Est-ce que tu m'entends ? *Prend son visage entre les mains et le tourne vers lui.* C'est moi. Je suis là. Je te parle. *Courte pause.* Est-ce que tu me reconnais ? Je suis ton papa. *Pause.* Je pense parfois que… tu penses que je peux tout endurer. Mais non. Je fais du mieux que je peux. *Pause.* Mais il y a des choses que je ne peux pas endurer. *Pause.* Je dois aussi me reposer parfois. J'ai conduit la nuit dernière. Je conduis ce soir aussi. Je vais rouler toute la nuit. De minuit à six heures. J'aurais peut-être cinq clients avec un peu de chance. Je ne peux pas chier des clients. S'il n'y en a pas, il n'y en a pas. Je devrai peut-être déposer quelqu'un à Hallunda. Je devrai peut-être aller à Hallunda et après m'asseoir là-bas et attendre quelqu'un. Attendre que les portes s'ouvrent et que quelqu'un entre dans la voiture. Je resterai peut-être assis dans la voiture et j'ouvrirai les portes et je resterai juste assis. Je m'en irai peut-être et je plaquerai tout. Partir tout simplement. Laisser la voiture là-bas, au milieu de la nuit, sous un réverbère. Je laisserai la radio allumée. Merde, quelle importance ? Dis-moi juste une chose. Combien de temps tu vas continuer à faire ça ?

EMMA. Il pleut ?

STEFAN. Non. Il neige.

FIN DE L'ACTE UN

ACTE DEUX

DIX-HUIT

Librairie de Hedengren, octobre 1998.

ERIK, *se promène dans le magasin, vient vers Emma, qui se trouve devant le rayon maternité, stérilité, enfants.* Tu trouves quelque chose ?
EMMA. Rien que je ne sache pas.
ERIK. Moi non plus. *Courte pause.* De toute façon, je n'ai pas le temps de lire. *Courte pause.* On y va ?
EMMA. Oui. *Courte pause.* Tu veux faire quoi ?
ERIK. Quand ?
EMMA. Après. Maintenant.
ERIK. Je ne sais pas. *Courte pause.* Je veux faire quoi ? *Prend un livre.* Tu veux faire quoi ?
EMMA. Je ne sais pas vraiment.
ERIK. Moi non plus. Rien de spécial. Juste me balader. *Avance de quelques pas vers un autre rayon. Elle le suit lentement.* On va au musée d'Art moderne ?
EMMA. Oui... on pourrait faire ça.
ERIK. Ça pourrait être sympa.
EMMA. Tu veux faire ça ? *Courte pause. Montre une annonce.* Regarde, John Irving sera en ville lundi. Tu as lu quelque chose de lui ?
ERIK. Je ne crois pas. *Aperçoit quelqu'un qu'il croit connaître.* Pourquoi j'aurais fait ça ?
EMMA. J'en ai marre de ces auteurs des années quatre-vingts. J'en avais déjà marre dans les années quatre-vingts. *Remarque qu'il regarde une femme, plus loin, qui feuillette un livre de John Irving.* Qu'est-ce qu'il y a ?
ERIK. Quoi ?

EMMA. Tu trouves qu'elle ressemble à quelqu'un que tu connais ?
ERIK. Qui ça ?
EMMA. Ann. *Courte pause.* Celle que tu fixes, tu trouves qu'elle ressemble à Ann, ta femme ?
ERIK. Tu es ma femme. *Courte pause.* Tu ne lui ressembles pas.
EMMA. Ta femme précédente, je voulais dire.
ERIK. Je ne la fixe pas. *Courte pause. Regarde la femme.* Elle lui ressemble ?
EMMA. Pas du tout. Mais elles paraissent aussi dures et aigries.
ERIK. Oui, peut-être. *Prend un livre. Wormholes.* Ça veut dire trous de vers, n'est-ce pas ? *Courte pause.* Piqué par les vers. Jolie couverture. On y va ?
EMMA. Oui. C'est ce qui t'a attiré chez elle ?
ERIK. Quoi ?
EMMA. Le fait qu'elle soit dure et aigrie ?
ERIK. Non. Je ne crois pas. Tu as faim ?
EMMA. Comme ci, comme ça.
ERIK. On va manger un morceau ? *Courte pause.* On pourrait aller au Lydmar. *Courte pause.* Tu penses à elle ?
EMMA. À qui ?
ERIK. À Ann.
EMMA. Non. Pourquoi je ferais ça ? *Courte pause.* Et toi ?
ERIK. Moi ? Je me souviens à peine d'elle. Je l'ai presque oubliée. *Pause.* Je pense que je vais prendre une salade Caesar. Tu veux quoi ?

DIX-NEUF

Restaurant Lydmar, 13 h 20, octobre 1998.

ANN. Je prendrai un caffe latte.

ERIK. Un caffe latte ? *Courte pause.* Rien d'autre ?

ANN. Non. Rien d'autre.

ERIK. Tu es sûre ? *Courte pause.* OK. Je vais prendre une salade Caesar. J'ai pris ça la dernière fois. *À la serveuse.* Bonjour. Pourrais-je avoir une salade Caesar... et un caffe latte ?

SERVEUSE. Bien évidemment.

ANN. Deux caffe latte. J'en voudrais un aussi.

ERIK. Je l'ai commandé pour toi. Mais je peux en prendre un, moi aussi. Deux caffe latte alors, s'il vous plaît.

SERVEUSE. OK. Quelque chose à boire ?

ERIK. Avec le caffe latte ? Je ne crois pas. Merci. *Pause.* Qu'est-ce qu'elle a voulu dire ?

ANN. Je n'entends pas ce que tu dis.

ERIK. « Bien évidemment ». Elle a dit « Bien évidemment ». *Courte pause.* C'est marrant de te rencontrer là par hasard.

ANN. Pas aussi marrant que pour moi.

ERIK. Oui. C'est marrant. *Courte pause.* Qu'est-ce que tu fais là ?

ANN. Et toi, qu'est-ce que tu fais là ?

ERIK. Je suis là pour déjeuner. Et toi ?

ANN. Je viens de déjeuner. Avec Sophia et Brian. Si tu te souviens d'eux.

ERIK. Ta sœur et son mari ? Bien sûr que je me souviens d'eux. Pourquoi je ne m'en souviendrais pas ?

ANN. Je ne sais pas.

ERIK. Quoi ? *Courte pause.* Je me souviens très bien d'eux. *Courte pause.* Comment vont-ils ?

ANN. Oui. Comment vont-ils ?

ERIK. Je ne sais pas. *Sourit.*

ANN. Non, pourquoi tu le saurais ? *Ramasse ses gants et s'apprête à partir.* Pourquoi je devrais prendre un caffe latte avec toi ?

ERIK. Ne pars pas. *Pause.* S'il te plaît. Je veux dire... reste.

ANN. Pourquoi est-ce que je devrais faire ça, putain ?

ERIK. Parce qu'on... parce qu'on s'est connu.

ANN. Ah bon ?

ERIK. Oui. *Courte pause.* N'est-ce pas ? *Courte pause.* Oui... plus que ça même. Enfin... c'était il n'y a pas si longtemps. *Courte pause.* Comment tu vas ? Tout va bien ?

ANN. Ça ne pourrait pas aller mieux à vrai dire.

ERIK. Oui. Je vois ça.

ANN. Et toi ?

ERIK. Moi ? Bien. Très bien.

ANN. Bien.

ERIK. Beaucoup de choses à faire.

ANN. Oui. Vachement de choses à faire, putain.

ERIK. Je parlais de moi. J'ai beaucoup de choses à faire.

ANN. Moi aussi. Putain, j'ai du boulot par-dessus la tête, comme toujours.

ERIK. Moi aussi. J'ai lu quelque part qu'il y a dix ans, un urgentiste voyait dix à quinze patients par jour. Aujourd'hui, c'est entre vingt-cinq et trente personnes qui ont besoin d'aide.

ANN. Ah oui, tu lis tellement.

ERIK. Je ne comprends pas comment vous tenez le coup. Joli tailleur.

ANN. Pourquoi penses-tu qu'on tient le coup ?

ERIK. Mais tu n'es plus à Sabbatsberg ? Il a été privatisé, non ? *Courte pause.* Et... et... et Stefan ? Comment va son -

ANN. Cul ? Il va bien. Il le maintient en forme. En parfaite forme. *Courte pause.* Il joue au tennis avec Daniel.

ERIK. Daniel ?

ANN. Ton fils. Ton fils Daniel.

ERIK. Stefan ? Il joue au tennis avec Daniel ?

ANN. Oui. Ton fils Daniel.

ERIK. Je sais. Je sais que c'est mon fils. Je pensais à son... écriture, pas à son cul. Je pensais à ses pièces, pas à son cul. Son cul c'est à toi d'y penser. Je ne suis pas intéressé par son cul. *Courte pause.* Pourquoi il joue au tennis avec Daniel ?

ANN. Parce que ça lui plaît.

ERIK. Pourquoi il ne joue pas au tennis avec son propre fils ? Pourquoi il n'aime pas jouer au tennis avec son propre fils ?

ANN. Parce que son fils n'aime pas ça.

ERIK. Parce qu'il trouve qu'il a un handicap ?

ANN. Il a un handicap.

ERIK. Alors il se sert de mon fils. Je vois. *Courte pause.* C'est agréable de parler avec toi. Ça faisait si longtemps.

ANN. Vraiment ?

ERIK. Non ?

ANN. Tu disais à l'instant que ça ne faisait pas si longtemps.

ERIK. C'est pareil.

ANN. Longtemps depuis quoi ?

ERIK. Depuis qu'on s'est parlé.

ANN. Je pense que Daniel a besoin d'un bon modèle masculin, qui s'intéresse à lui, auquel il peut s'identifier.

ERIK. Et comment est-ce qu'un bon modèle masculin s'intéresse aux autres ? Il joue au tennis avec le fils d'un autre, parce que le sien a un pied bot ? J'aimerais juste savoir.

ANN. Il a beaucoup souffert du divorce et de ta trahison. Beaucoup plus que tu ne le penses. Beaucoup plus que nous.

ERIK. Bien sûr. C'est évident qu'il en a souffert. On était prêt tous les deux.

ANN. Ah bon ? Je ne le savais pas.

ERIK. Tu ne le savais pas ?

ANN. Tu étais prêt. Moi, je n'étais pas prête. Je n'étais pas prête du tout. Je pensais que nous avions été mariés plus ou moins avec bonheur pendant dix ans, enfin je parle pour moi. Ensuite tu es tombé amoureux au Dramaten d'une femme plus jeune de dix-sept ans, et j'ai découvert la vérité quand je t'ai croisé par hasard dans un couloir en psychiatrie à Sabbatsberg, quand tu lui rendais visite, et tu as été si surpris que tu n'as même pas eu le temps d'inventer un mensonge. Mais maintenant c'est fini. C'est vraiment fini. Je suis prête aussi, comme tu dis. J'ai rencontré un homme formidable, plein de vie, avec qui je suis très heureuse. Qui me rend beaucoup plus heureuse et sereine que je ne l'ai jamais été avec toi. Qui m'a donné beaucoup plus en tant qu'être humain / sur un plan personnel que tu ne l'as jamais fait. Tu comprends ce que je dis ?

ERIK. Absolument. *Courte pause*. Tu as dit en tant que quoi ? / Tu as dit sur quel plan ?

ANN. En tant qu'être humain. / Sur le plan personnel.

ERIK. Formidable. Je suis heureux que tu n'aies pas dit en tant que dramaturge / autre chose. Voilà enfin ma salade qui arrive. *Pause*. Merci. *Courte pause*. On peut avoir nos caffe latte maintenant ?

SERVEUSE. OK.

ERIK. Merci. C'est formidable. Tu as eu le temps d'aller voir l'expo photo au musée d'Art moderne ?

ANN. Non. Malheureusement.

ERIK. Il paraît qu'il y a deux belles photos de Serrano, entre autres celle avec le noyé... ou bien est-ce celui qui est mort d'une pneumonie ? On pense y aller.

ANN. Oui, allez-y.

ERIK. Oui, absolument. Est-ce l'un des plus grands changements depuis les années quatre-vingts que le café au lait[1] soit devenu caffe latte ? *Pause.* Il va y avoir une nouvelle pièce de Stefan cet automne ?

ANN. Oui. La meilleure pièce qu'il n'ait jamais écrite.

ERIK. J'attends ça avec impatience. De la voir.

ANN. Oui, tu n'as qu'à faire ça. Attends avec impatience. Vous n'allez pas avoir d'enfants ? Emma et toi ?

ERIK. Peut-être, peut-être. *Pause.* Et vous ? *À la serveuse.* S'il vous plaît – je peux avoir un peu de vinaigrette ?

SERVEUSE. De la vinaigrette ?

ERIK. De la vinaigrette de salade Caesar. J'aimerais en mettre sur ma salade Caesar. Et où est notre caffe latte ?

SERVEUSE. Il n'a pas encore été servi ?

ANN. Je m'en fous du café. *Prête à se lever.* Au fait, j'ai essayé de te joindre vendredi dernier mais tu n'étais ni chez toi ni au bureau. Ils ne savaient même pas qui tu étais.

ERIK. J'ai démissionné. Ça fait trois ans. Tu ne le savais pas ? J'ai commencé à écrire mes romans / mes propres romans à la place de publier ceux des autres. Deux de mes romans ont été publiés. Mais pas dans mon ancienne maison d'édition, donc ce n'est pas étonnant qu'ils ne sachent pas qui je suis. Tu ne les as pas lus ?

ANN. Pourquoi j'aurais fait ça ? Ça parle de moi ?

ERIK. Tout parle de toi, j'imagine. Vendredi dernier ? Je rendais sans doute visite à Emma à l'hôpital Sophia, elle était là-bas pour un petit examen, même si en fait, j'aurais dû être à notre réunion annuelle de copropriété. En fait, j'aurais dû prendre l'avion pour Gotland, pour un rendez-vous avec un maçon qui ravale la façade de notre maison. Mais je ne peux pas être à trois endroits en même temps. Je peux être à deux endroits totalement différents en même temps mais pas à trois. Absolument

1. En français dans le texte.

pas. Pourquoi est-ce que tu voulais me joindre ? Quelque chose en particulier ?

ANN. Je voulais juste t'informer que vendredi dernier deux policiers sont venus chercher Daniel pendant un cours à Östra Real [1]. Ils lui ont montré une vidéo, où on le voit mettre le feu à une classe de l'école. Il y a eu sept ou huit incendies à plusieurs endroits cet automne. J'espère que tu peux imaginer ce que ça fait de voir un film qui montre ton fils entrer dans une classe, se diriger vers une bibliothèque, asperger les livres d'essence et ensuite y mettre le feu et ressortir furtivement. La qualité du film est assez floue et mauvaise, mais le peu de qualité qui reste ne laisse aucun doute sur la personne que tu vois... La seule chose que l'on ne reconnaît pas est l'expression de son visage. Tu vas faire quoi ?

ERIK. Ce n'est pas ton fils. Il n'a jamais été ton fils. C'est mon fils. Tu as considéré mon fils comme ton rival. Dès le premier jour. Dès qu'il a eu un an. Ça a été ma plus grande douleur.

ANN. Dis-moi la vérité... tu m'aimes encore ?

VINGT

Soap Bar, 18 h 20. Octobre 1998.

ANN, *entre, porte plusieurs sacs de courses. Stefan se lève.* Salut, mon amour.

STEFAN. Salut, mon amour. *La prend dans ses bras.* Salut.

ANN *rit.* Je suis en retard ? *Ils s'embrassent.* Attends.

STEFAN. Ne t'arrête pas.

ANN. Je ne m'arrêterai jamais.

1. Lycée de Stockholm.

STEFAN. Bien. *S'arrête.* Assieds-toi. Tu prends quoi ? *Prend les sacs, lui tire la chaise.*

ANN. Je ne sais pas. Du vin.

STEFAN. Du rouge... Du blanc ?

ANN. Du rouge ou du blanc. *S'assied.* Je suis allée au rayon Alcools du NK. J'ai fait la queue quarante-cinq minutes. C'est pour ça que je suis en retard. Mais au moins on aura du vin ce week-end.

STEFAN. Bien. Je pensais jouer au tennis avec Daniel demain. *Va au bar, revient avec deux verres de vin rouge.* Je joue au tennis avec Daniel demain.

ANN. Merci. *Courte pause.* Qu'est-ce qu'elle a dit ?

STEFAN. Qui ça ?

ANN. La fille au bar. *Courte pause.* Tu la connais ?

STEFAN. Elle a dit soixante-quatre couronnes. À la tienne. Non.

ANN. À la tienne. *Boit.* Comment vas-tu ? Qu'est-ce que tu as fait ?

STEFAN, *légèrement.* Ce que j'ai fait ? Quand ?

ANN. Aujourd'hui. Tu as fait du sport ?

STEFAN. Non, malheureusement. Je suis allé en répétition.

ANN. Je suis retournée au NK et j'ai regardé ce manteau que j'avais essayé dimanche, le dernier en rayon, mais il n'était plus là. Putain, je regrette de ne pas l'avoir acheté. Je n'arrive pas à comprendre pourquoi je ne leur ai pas au moins demandé de le mettre de côté.

STEFAN. Mais tu l'as fait.

ANN. Quoi ? *Courte pause.* Qu'est-ce que j'ai fait ?

STEFAN. Tu leur as demandé de le mettre de côté. Mais ils n'ont pas voulu. Ils ont dit qu'on demandait tellement ce manteau qu'ils ne pouvaient pas le mettre de côté. Il était magnifique. Pourquoi tu ne l'as pas acheté ?

ANN. Pourquoi je ne l'ai pas acheté ?

STEFAN. Je t'ai dit de le faire. Je te l'ai dit. J'ai dit que tu le regretterais, si tu ne le prenais pas.

ANN. Je sais. *Pause.* Il était mieux que le bleu que j'ai rapporté à la maison pour l'essayer ?

STEFAN. Absolument. On ne peut pas les comparer. Une toute autre qualité. Une toute autre classe.

ANN. Je sais. *Courte pause.* Maintenant c'est trop tard. Tu crois que c'est trop tard maintenant.

STEFAN. Je suppose que oui.

ANN. Pour trouver le même. *Courte pause.* Et toi ?

STEFAN. Je suis allé aux répétitions de *Lost and Found.* Puis je suis allé à la librairie de Hedengren, à la pharmacie, au NK, chez Bonelid, pour une paire de chaussures, mais je n'en ai pas trouvé. Après j'ai rencontré l'un des acteurs de *Lost and Found* avec qui j'ai discuté un moment.

ANN. De quoi ?

STEFAN. De ce qu'on allait manger au dîner.

ANN. Tu as rencontré cet acteur où ?

STEFAN. Actrice. Au Lydmar. *Courte pause.* On a juste pris un caffe latte. Tu aimes ce vin ?

ANN. Non, je n'aime pas ce vin. Je n'aime pas cet endroit.

STEFAN. Moi non plus. Je suis invité à New York. Il y a un directeur de théâtre qui a entendu parler de mes pièces et qui veut que j'assiste au spectacle d'ouverture de son théâtre le onze novembre. Il m'a envoyé les œuvres complètes d'Arthur Miller en édition de poche, avec une dédicace d'Arthur Miller. Très gentille. Il était aussi écrit qu'il admire mes pièces. Je ne sais pas si c'est Arthur Miller ou le producteur qui admire mes pièces. J'envisage d'y aller. Ça me ferait du bien. J'ai l'impression de m'embourber. Deux personnes de la production ont une pneumonie, un acteur et un machiniste. Qu'est-ce que tu en dis ? Tu pourrais te libérer ?

ANN. En novembre ?

STEFAN. Dans trois semaines, après la première.

ANN. Absolument impossible. Aucune chance.

STEFAN. J'aimerais bien y aller. Ça fait si longtemps qu'on n'y est pas allé.

ANN. On y était en 96.

STEFAN. Ça fait longtemps. Qu'est-ce que tu en dis ?

ANN. Je dis que c'est impossible.

STEFAN. Vraiment ? Ne te retourne pas. Il y a un groupe juste derrière toi. Deux hommes et une femme. La femme vient de se faire servir une grande assiette de crustacés. Elle sort un appareil pour la prendre en photo. *Courte pause.* Elle est si laide qu'ils doivent sûrement être russes. *Courte pause.* Il y a quelques années les choses qui étaient impossibles n'étaient pas aussi impossibles que maintenant. Comment ça se fait ?

ANN. Je ne sais pas.

STEFAN. Tu te fâcherais... si j'y allais, si j'y allais tout seul ?

ANN. Non, je ne me fâcherais pas.

STEFAN. Je pensais que je pourrais emmener Daniel.

ANN. Daniel ?

STEFAN. Tu ne crois pas que ça lui ferait plaisir ?

ANN. Demande-lui. Au fait, j'ai vu Erik aujourd'hui. Je suis tombée sur lui par hasard au Lydmar.

STEFAN. Au Lydmar ? À quelle heure ?

ANN. Vers l'heure du déjeuner je crois. Je lui ai dit pour Daniel.

STEFAN. Tu lui as dit qu'on a acheté une maison à Lidingö [1] ?

ANN. J'ai acheté une maison à Lidingö.

STEFAN. C'est vrai. Comment va-t-il ?

ANN. Comme d'habitude. Schizophrène.

STEFAN. Erik ? Schizophrène ?

ANN. Comme d'habitude.

STEFAN. Comment ça ?

ANN. Comment ?

1. Banlieue aisée de Stockholm.

STEFAN. Il est schizophrène de quelle manière ?
ANN. D'une manière calme et horrible. Tu penseras à moi quand tu seras à New York ?
STEFAN. Bien sûr. Je pense déjà à toi. Je penserai à toi jour et nuit. *Courte pause.* C'était ça qui te liait à lui ?
ANN. Quoi donc ?
STEFAN. Le fait qu'il était... qu'il soit schizophrène ?
ANN. Non. Ce n'est pas un fait. C'est juste ma sensation. Elle est subjective. Elle n'est pas permanente. Elle est intermittente. Elle va et vient. Comme une odeur. Comme une odeur d'égouts qu'on remarque de temps en temps mais contre laquelle on ne peut rien faire, parce qu'elle disparaît à nouveau. Elle est jeune ?
STEFAN. Qui est jeune ?
ANN. L'actrice ? Elle est jeune ?
STEFAN. Environ vingt-cinq ans, brune, petite et elle a une relation stable depuis des années.
ANN. Quelle importance ?
STEFAN. Le problème c'est que la semaine qui suit la première de *Lost and Found*, on ne pourra pas jouer pendant dix jours parce qu'ils ont programmé une autre production. C'est une catastrophe. Ma définition d'une catastrophe.

VINGT ET UN

Appartement d'Emma et Erik, soir, octobre 1998.

EMMA. Tu es où ?
ERIK. Ici.
EMMA. Où ça ?
ERIK. Ici. *Entre dans la pièce.* Salut, mon amour.
EMMA. Je suis à la maison. *Courte pause.* Tu fais quoi ?
ERIK. Rien de spécial. Comment ça va ?

EMMA. Comme ci, comme ça.
ERIK. Journée difficile ?
EMMA. Horrible.
ERIK. Moi aussi. Il pleut dehors ?
EMMA. Non. Ce n'est pas possible. *Courte pause.* Tu as l'impression qu'il pleut ? Tu faisais quoi ?
ERIK. Rien du tout. Tu as mangé ?
EMMA. J'ai mangé un bout rapidement à midi. Je pense que je vais prendre un bain après.
ERIK. Oui, tu as raison. Je viendrai t'apporter un verre de vin et te parler.
EMMA. Pas de vin. Je suis allée à l'hôpital Sophia.
ERIK. Ah oui, c'est vrai. *Pause.* Ils ont dit quoi ?
EMMA. Il y a deux ovules.
ERIK. Deux ? Autant que ça ?
EMMA. Un de quatorze millimètres et l'autre un peu plus petit. Dans deux jours un signal du cerveau viendra dire si l'ovule est fécondable. De mon cerveau. Ce qui veut dire que nous devons essayer de faire l'amour, si tu as le temps. De préférence dès mercredi. Et après jeudi, vendredi, samedi pour être sûrs. Pour couvrir toute éventualité.
ERIK. Ce jeudi-là ?
EMMA. Mercredi, jeudi, vendredi, samedi. Tu peux faire ça ?
ERIK. Bien sûr. Absolument.
EMMA. Si tu veux un enfant. Si tu veux avoir un enfant avec moi. Tu le veux ?
ERIK. J'ai essayé pendant cinq ans.
EMMA. Moi aussi. J'ai aussi essayé pendant cinq ans.
ERIK. Nous avons essayé pendant cinq ans.
EMMA. Alors qu'est-ce qui ne va pas ?
ERIK. Rien ne va pas. C'est la seule chose qu'on sache.
EMMA. Pourquoi ça ne marche pas ?
ERIK. Je ne sais pas.

EMMA. Moi non plus. *Va vers lui, il la prend dans ses bras.* Tu trouves que j'ai changé physiquement depuis qu'on s'est rencontré ?
ERIK. Non.
EMMA. Je n'ai pas vieilli ?
ERIK. Non.
EMMA. Je suis devenue quoi alors ? *Courte pause.* Tu connaissais des couples sans enfant quand tu étais petit ?
ERIK. Oui.
EMMA. On sentait qu'ils avaient quelque chose de particulier.
ERIK. Uhm.
EMMA. Ils étaient morts d'une certaine façon. D'une façon calme et silencieuse. Ils vivaient dans un autre monde, un monde muet et silencieux. Ils n'avaient rien. Ils étaient abandonnés. Mais c'était amusant aussi. Ils te donnaient toute leur attention.
ERIK. Si nous ne réussissons pas cette fois, nous prendrons toute l'année prochaine pour nous, et nous louerons une maison en Italie, en Ombrie, et nous nous reposerons et nous serons tranquilles et alors nous verrons.
EMMA. Tu veux bien ?
ERIK. Oui. *Courte pause.* Tu as mangé quoi ? Quelque chose de bon ?
EMMA. Ce que j'ai mangé ? Je ne me souviens plus. Un risotto je crois. *Courte pause.* Et toi ?
ERIK. Au déjeuner ? *Courte pause.* Je suis allé au Lydmar et j'ai mangé une salade Caesar. Elle était bonne mais pas aussi bonne que lorsqu'on y était. Il n'y avait pas assez de vinaigrette. J'en ai demandé plus mais j'ai seulement eu de la moutarde. C'est un endroit assez agréable mais j'ai dû leur demander de baisser la musique. Mais sinon c'est un endroit plutôt agréable. On peut voir le parc de Humlegården, regarder les arbres, voir les feuilles tomber maintenant que c'est l'automne et on

a cette étrange sensation d'être chez soi. On n'a pas besoin d'être totalement concentré sur la personne avec qui on déjeune.

EMMA. Il me reste seulement quarante-huit ovulations avant mes quarante ans. Tu n'étais pas seul ? Qui était avec toi ?

ERIK. Quand ça ? Non, non. Je n'étais pas seul. *Courte pause*. Je ne te l'ai pas dit ?

EMMA. Dit quoi ?

ERIK. Je ne t'ai pas dit que j'ai déjeuné avec ma femme ? J'ai déjeuné avec ma femme. On était au Lydmar.

EMMA. Ta femme ? *Courte pause*. Je suis ta femme.

ERIK. Je veux dire avec ma femme précédente, bien sûr. Elle n'a pas déjeuné. Elle a juste pris un caffe latte.

EMMA. Je suis ta femme. Nous sommes mariés depuis cinq ans. Nous nous sommes mariés à l'automne 1993.

ERIK. Je sais. *Rit*. Tu ne crois pas que je le sais ? Ma femme précédente. Ann, je veux dire. C'était une pure coïncidence. Elle est passée devant moi, elle s'est arrêtée, elle a pris un caffe latte et j'ai pris une salade Caesar... non, elle n'a pas fait ça. Elle est partie avant que le café n'arrive.

EMMA. C'est sympa. *Courte pause*. Vous avez parlé de quoi ? *Courte pause*. De moi ?

ERIK. Non, pas du tout. On a parlé de Daniel.

EMMA. Daniel ?

ERIK. Notre fils. Mon fils. J'ai l'impression qu'il a des problèmes.

EMMA. Les garçons en général ont des problèmes à cet âge-là.

ERIK. Oui, c'est vrai. Ils ont des problèmes. Je me souviens.

EMMA. Avec les filles.

ERIK. Oui, absolument. Avec les filles, absolument.

EMMA. Et les pères. Les garçons en général ont des problèmes avec leur père à cet âge-là.

ERIK. Oui. Tu as raison.
EMMA. Il a quel genre de problème avec toi ?
ERIK. Je ne sais pas. Je dois lui demander.
EMMA. C'est moi... est-ce que je suis son problème avec toi ?
ERIK. Pourquoi tu serais son problème ?
EMMA. Peut-être qu'il pense que j'ai écarté sa mère de toi.
ERIK. Ann n'est pas sa mère. Je dois en parler avec elle.
EMMA. Avec Ann ?
ERIK. Non, avec sa mère. Je ne lui ai pas parlé depuis des années. J'ai essayé mais ça n'a pas marché. Elle me déteste toujours de l'avoir quittée. Il pourrait peut-être venir avec nous en Italie cet été. Va prendre un bain, je vais préparer à manger.

VINGT-DEUX

Une chambre d'hôtel à New York, Washington Square, novembre 1998.

STEFAN, *assis sur le lit dans la chambre sombre, fait un numéro de téléphone, attend.* Allô ? / C'est moi. Tu fais quoi ? / Tu dors ? Tu es réveillée. / Non, il est... quelle heure est-il... huit heures. Il est quelle heure chez toi ? / Non, j'ai eu beaucoup à faire. / Rien. Je me suis beaucoup baladé, je veux dire. Ça prend du temps. C'est beau. L'automne. Hier, j'étais à Central Park. Je cherchais le Dakota, j'avais oublié où il se trouvait, j'ai demandé à un portier mais il n'en avait jamais entendu parler... alors j'ai remarqué que l'immeuble était le Dakota. / Je me sentais idiot. / D'avoir demandé. / Je regarde la télé. C'est la télé. / Il y a un type qui est sur le point de sauter d'un toit... de sauter d'un toit... de se suicider. / Si. / Il est assis en haut d'un toit et il menace de sauter. / Je ne sais pas. / Personne ne sait. / Peut-être qu'il en a marre de la vie... Pas de boulot. L'amour. / Qui sait ? / Ça fait cinq heures qu'il est là-haut. / Oui, ça fait cinq heures que je le regarde. / J'espère qu'il va bientôt sauter. / Il reste juste assis immobile. Il regarde droit devant lui. Parfois, il ferme les yeux. Il ferme les yeux quelques minutes. Ensuite, il se parle à lui-même. / Je n'entends pas ce qu'il dit. Je ne sais pas ce qu'il dit. Je ne sais pas ce qu'il dit. / Ils ont dû mettre la caméra de l'autre côté du bâtiment. / Je ne sais pas. Ce qui est fantastique c'est qu'il tient un chien dans ses bras. / Lui aussi reste immobile. Il est dans ses bras. Parfois il dort. Parfois il lève les yeux. Carrément pas névrosé. / Eh bien, le cinquième étage peut-être. / Un psychologue de la police était là-bas il y a quelques heures. Il devait lui parler. Mais il est redescendu. Ils l'ont interviewé. / Je pense qu'il va sauter. Je suis sûr qu'il va sauter. Il va sauter d'un moment à l'autre. Ou alors cette nuit. / Je devais sortir manger un morceau mais je reste ici. / Je dois voir comment ça se termine. / Je pense qu'il est sur le point de sauter. On dirait qu'il va sauter. Mais il attend. / Je ne sais pas. Je ne sais pas ce qu'il attend. / Trente, trente-cinq ans. Il est assis, les jambes dans le vide. / Très calme. / Je ne sais pas. / Un Jack Daniel. Il n'est pas très grand. Un Russel, je veux dire. / Maintenant il sourit. / Non, lui. Pas le chien. Il sourit à quelque chose. / Quelque part dans Brooklyn. / Comment ça va chez toi ? / Comment va Daniel ? / Il fait chaud. Dix-neuf degrés. Les gens sont assis dehors en T-shirts et en shorts. Hier je suis allé chez Strand. La librairie. / Après j'ai vu... comment ça s'appelle ? J'ai vu ce spectacle avec des tambours, des balais. / Vachement bien. Les gens sont assis dehors en T-shirts et en shorts. J'ai déjà dit ça ? / Je n'ai pas fait grand-chose. Ça ne fait que deux jours que je suis ici. / Attends. Il y a quelqu'un qui vient maintenant. Une fille. Une femme. / C'est une femme. C'est sa petite amie ? Elle vient d'arriver sur le toit. Le chien réagit. Il se retourne. Il veut partir. / Elle dit quelque chose. / Je ne sais pas. / Il serre le chien dans ses bras. / Je ne peux pas voir ce qu'elle dit. / Non, elle est seule. / Elle marche vers lui. / Il ne se retourne pas. / *Une jeune femme, petite, brune, sort de la douche, va vers le lit où il est assis, s'assied sur ses genoux, elle est nue.* / Attends. / Il dit quelque chose. / À lui-même. / Il saute. *Courte pause.* Il saute. *Courte pause.* Il a sauté. *Courte pause.* Il a sauté.

VINGT-TROIS

Une fête, Stockholm, novembre 1998.

STEFAN, *assis sur un canapé dans une autre pièce que celle où se déroule la fête.* Je savais qu'il le ferait. Je le savais. Je l'ai vu à son visage. Il était assis à attendre qu'une voix intérieure le lui dise, et quand il l'entendrait, il sauterait.

EMMA, *assise en face de lui, prend une cigarette.* C'était quoi comme chien ?

STEFAN. Un Jack Daniel... non, merde, un Jack Russel. Tu sais, on s'était dit qu'on aurait un chien de cette race-là. On s'était dit qu'on allait acheter un chien de cette race-là, mais on trouvait que c'était un peu trop petit. *Allume sa cigarette.* Tu t'en souviens ?

EMMA. Ils ont du charme. Mais ils sont assez courts sur pattes.

STEFAN. Vous avez un chien maintenant ?

EMMA. Non, j'avais un chien à New York.

STEFAN. Je sais. Il vit encore, non ?

EMMA. Je ne sais pas. Je l'espère.

UNE VOIX FÉMININE, *depuis la pièce où se déroule la fête.* Hé – qu'est-ce qu'il est arrivé à Diane Keaton hier ? Elle est morte ?

UNE AUTRE FEMME. Qui ? Diane Keaton ?

LA PREMIÈRE FEMME. Tu n'as pas vu le film à la télé hier ? Il y avait un film avec Diane Keaton. Elle s'occupait de son père mourant, exactement comme moi. Après ils ont découvert qu'elle avait une leucémie. Robert de Niro jouait le médecin qui l'examinait. Je ne sais pas comment ça s'est terminé. Je me demande si elle est morte. Je suis sûre qu'ils sont tombés amoureux l'un de l'autre mais qu'ils n'ont rien osé faire ou qu'ils n'ont pas eu le temps. J'ai été obligé de partir parce que...

EMMA. Elle est morte.

STEFAN. Oui. Je suis sûr que c'était le sixième étage. Les deux, lui et le chien.

EMMA. Non, Diane Keaton.

STEFAN. Diane Keaton ?

EMMA. Dans un film, hier. À la télé. Elle est morte.

STEFAN. Ah bon. Il me ressemblait. Le lendemain, il y avait une photo de lui dans le journal. Je l'ai acheté et j'ai découpé la photo. Je la porte sur moi comme un... je ne sais pas. Tu travailles dans quoi maintenant ?

EMMA. Ah oui, qu'est-ce que je fais ? Je...

ERIK *entre, un verre à la main.* Salut. Tu es donc ici.

STEFAN. Entre. Entre. Assieds-toi.

EMMA. Je retourne à l'université au printemps, je vais étudier la littérature.

STEFAN. On est juste assis là à discuter. Comment ça va ?

ERIK. Bien.

EMMA. Tu me cherchais ?

ERIK. Non, pas du tout. Je me baladais juste. *S'assied, pose son verre.* Tout va bien.

STEFAN. Bien. J'ai lu ton roman dans l'avion, en revenant de New York.

ERIK. Ah oui.

STEFAN. Je suis allé à New York. On ne peut pas dire que c'est comme avant. Ça a totalement changé. C'est devenu propre et aseptisé et prudent. Ils, c'est-à-dire Giuliani, conduisent tous les junkies et les SDF au fin fond de Brooklyn et les déchargent là-bas. Ça ressemble à une zone de guerre. C'est comme la Bosnie ou l'Érythrée. Immeubles incendiés, chiens malades, des familles entières qui errent comme des zombies affamés. Le crack. C'est le crack.

EMMA. Ça avait déjà commencé quand je vivais là-bas.

ERIK. Aussi tôt ?

EMMA. On pressentait le changement. On sentait comment les riches commençaient à prendre le dessus.

ERIK. Tu as vu quelque chose ?

STEFAN. Bien sûr que j'ai vu quelque chose. J'ai vu tout le temps. J'ai vu comment c'était devenu propre et aseptisé. Je ne suis cependant pas allé à Brooklyn pour regarder les junkies et les SDF, mais dans Manhattan j'ai dû compter au maximum trois vrais SDF.

EMMA. Une pièce. Tu as vu une pièce de théâtre ?

STEFAN. Ah oui. Est-ce que j'en ai vu ? J'ai vu *Stomp*. C'était bien. C'est un spectacle uniquement de danse et de musique qu'ils font eux-mêmes, une sorte de musique de rue. Ils font un numéro incroyable avec des journaux, ils restent juste assis à déchirer des journaux. Dans un autre numéro, ils balaient le sol avec de grands balais. Vachement habiles putain. Après il y a une scène où trois types rentrent sur de grands bidons d'huile et ils font de la musique avec en sautant dessus. C'est puissant. Ils le jouent depuis deux ans. J'ai entendu dire que tu avais quitté la maison d'édition.

ERIK. Ça fait trois ans.

EMMA, *se lève*. Je dois aller aux toilettes.

ERIK. Tu vas bien ?

EMMA. Je vais bien. Je vais juste aux toilettes. *Part.*
ERIK. OK.
Pause.
ERIK. Je ne savais pas que vous connaissiez Tomas et Eva.
STEFAN. Je ne les connais pas. C'est Ann qui les connait. Ils ont l'habitude de fêter Thanksgiving chaque année fin novembre. À la tienne.
ERIK. Oui, je sais. Ils ont l'habitude de faire ça.
STEFAN. Il est médecin, non ? Tu bois quoi ?
ERIK. Vodka. Et toi ?
STEFAN. Du vin. Du vin américain. Je prendrai peut-être une vodka. Tu as vu ma pièce au Dramaten ?
ERIK. Oui. J'apprécie que tu joues au tennis avec mon fils.
STEFAN. Ton fils ?
ERIK. Daniel.
STEFAN. Ah oui. Daniel. C'est marrant. C'est amusant pour moi.
ERIK. Je dois te dire qu'il n'y a qu'une seule chose sacrée pour moi. Mon fils. C'est mon fils. Je pense donc que tu devrais arrêter ça. Je pense que tu devrais arrêter de jouer au tennis avec lui.
STEFAN. Ah oui.
ERIK. Oui. Laisse tomber putain.
STEFAN. Pourquoi ?
ERIK. Parce que je le veux. Je ne veux pas que tu joues avec lui. Je ne veux pas que tu joues au tennis avec lui. Si tu dois jouer au tennis avec un fils, tu peux jouer au tennis avec ton propre fils. Il n'y a aucune raison que tu joues au tennis avec lui.
STEFAN. Il aime bien ça.
ERIK. S'il doit jouer au tennis, il doit le faire avec moi... ou avec quelqu'un d'autre.
STEFAN. Mais tu ne joues pas au tennis. Tu joues au cricket.
ERIK. Tu comprends ce que je dis ?
STEFAN. Je comprends ce que tu dis.

ERIK. Bien. *Se lève.* Alors le sujet est clos.
STEFAN. Hé. Tu sais qu'il veut changer de nom de famille ? Tu sais qu'il t'a découpé sur toutes les photos où tu étais ? Tu sais qu'il ne veut plus aller chez toi et Emma parce qu'il trouve que l'ambiance est trop désagréable chez vous ?
ERIK. Je comprends que tu te sentes obligé de dire quelque chose / n'importe quoi.
STEFAN. Tu as toujours ce film avec ce patient, qui est dans un lit d'hôpital avec une jambe dans le plâtre, suspendue à un truc, je ne sais pas comment ça s'appelle. Il reçoit la visite d'une femme qui lui regonfle son oreiller et qui lui pisse sur le visage. Ensuite, il lui fait la même chose, il pisse sur son visage. Tu l'as toujours ? Tu le regardes avec Emma aussi ?
ERIK *s'en va, rencontre Emma qui revient des toilettes.* Qu'est-ce qui ne va pas ?
EMMA. Je perds du sang.
ERIK. Non.

VINGT-QUATRE

Villa d'Ann à Lidingö, samedi matin, novembre 1998.
Ann et Stefan sont assis par terre, chacun dans un coin de la pièce. Stefan porte juste un T-shirt et Ann un peignoir blanc.

ANN. C'est horrible.
STEFAN. Ouais.
ANN. C'est horrible.
STEFAN. Ouais.
ANN. C'est...
STEFAN. Je sais.
ANN. Répugnant. *Courte pause.* Répugnant.

Pause.

ANN *le regarde longuement.* Ça ne peut pas être vrai.

STEFAN. Non... qu'est-ce qui est vrai ?

Pause

ANN. Quinze ans.

STEFAN. Quoi ?

ANN. Quinze ans ?

STEFAN. Je ne savais pas quel âge elle a... avait.

ANN. Quinze ans.

STEFAN. Je ne sais pas quel âge elle avait. Je ne lui ai pas demandé : « Tu as quel âge ? »... Je veux dire, elle faisait plus âgée.

ANN. Elle a quinze ans ! C'est une enfant !

STEFAN. Une enfant ?

ANN. Ce n'est qu'une enfant ! Qu'est-ce que tu as fait !

STEFAN. Elle faisait plus âgée. Elle se comportait... elle faisait plus âgée que quinze ans en tout cas. Nettement plus âgée. C'est tout ce que je peux dire.

ANN. Comment tu as pu faire ça ?

STEFAN. Qui sait.

ANN. Comment tu as pu faire ça ?

STEFAN. Putain, comment je peux savoir ?

ANN. Comment tu as pu faire ça ?

STEFAN. Putain, comment je peux savoir comment j'ai pu faire ça ? Tu es obligée de répéter tout ce que tu dis trois fois ? Tu veux que je fasse quoi ? C'est arrivé. Je ne sais pas vraiment ce qui est arrivé. Je n'en ai aucune idée. *Courte pause.* « I have no idea » comme disent les Anglais. Tu veux que je fasse quoi ?

ANN. C'est horrible.

STEFAN. Tu veux que je fasse quoi ? *Courte pause.* Tu veux que je fasse quoi ? Tu veux un martini dry ?

ANN. Je veux que tu... meures.

STEFAN. Oui.

ANN. Je veux que tu... je voudrais que tu n'aies... que tu n'aies jamais existé.

STEFAN. Je comprends. Je peux prendre un martini dry ?

ANN. Non, je veux que tu ailles en enfer.

STEFAN. Je peux aller me servir un martini dry ? Après tout, c'est ta maison. C'est ton martini. C'est ton gin ou ta vodka, si jamais on préfère un martini dry fait avec de la vodka, mais dans ce cas-là je trouve qu'on ne devrait plus appeler ça un martini dry, ça devient autre chose. Après tout, les verres t'appartiennent. Chacun d'entre eux.

ANN. Tu pourrais faire ça ?

STEFAN. Faire quoi ? Je ne sais pas ce que je peux faire. Je peux seulement répéter que j'étais bourré. C'est juste arrivé. C'est arrivé d'une manière que je ne peux pas expliquer. C'est juste quelque chose qui est arrivé. Je ne pensais pas à son âge. Elle était juste là. J'étais juste là. Je voulais juste être sympa et aider à nettoyer un peu, ramasser des choses, rapporter les verres et les bouteilles de vin...

ANN. Tu pourrais faire ça, s'il te plaît ?

STEFAN. Les amuse-gueules, les serviettes, les cendriers... vider les cendriers... les apporter à la cuisine. Alors, elle était là. Alors, j'étais là. Tous les autres étaient partis. Je suppose que j'étais de bonne humeur. Je suppose qu'on était tous les deux de bonne humeur. Un peu exaltés. Saouls. Mais je suppose aussi que j'étais trop saoul pour faire quoi que ce soit... de remarquable.

ANN. Tu pourrais faire ça, s'il te plaît ?

STEFAN. Parfois tout simplement, on est tellement bourré qu'on n'a aucune idée de ce qu'on fait. On n'a même pas conscience qu'on est en train de faire quelque chose, alors qu'apparemment on est en pleine action. Voilà à quel point j'étais bourré. Pour dire la vérité, je suis encore bourré. En tout cas, je ne suis pas sobre. C'est pour ça que je ne me lève pas.

ANN. Tu pourrais faire ça, s'il te plaît ?

STEFAN. Mais faire quoi ? Tu veux que je fasse quoi ? *Courte pause.* Je ferai n'importe quoi pour toi. Tout ce que tu me demandes. Tu le sais. *Courte pause.* Ann.

ANN. Pourrais-tu partir. ?

STEFAN. C'est ce que tu veux ? *Courte pause.* OK. Je peux juste dire quelque chose avant ? Je peux juste expliquer ce qui s'est passé ? Tu ne pourrais pas écouter ce que j'ai à dire avant que je parte ? *Courte pause.* Qu'est-ce que j'allais dire ? Ah oui. Je ne me souviens de rien. Je ne me souviens pas de ce que j'ai fait. Je ne me souviens pas qu'il y avait une fille là-bas. Je ne me souviens même pas à quoi elle ressemblait. Je ne me souviens pas de ce qu'elle portait. Est-ce qu'elle portait un haut rouge ? De quelle couleur étaient ses cheveux ? Ses cheveux étaient-ils attachés ? Est-ce qu'elle était assise ? Est-ce qu'elle était debout ? *Courte pause.* Je ne me souviens pas. Je ne me souviens même pas de son nom. C'était quoi son nom ? *Courte pause.* C'était quoi son nom, bordel de merde ?

ANN. Rineke.

STEFAN. Rineke ? Rineke ? C'est quoi comme nom ça ? *Pause.* Rineke ?

ANN. Son père est hollandais. Ce sont mes plus vieux amis. Je les connais depuis que j'étais à l'école de jeunes filles... elle... je la connais depuis le lycée de Sveaplan. Je jouais avec elle quand elle était petite. Je m'occupais d'elle quand elle était enfant... quand elle était une petite fille. Je lui ai appris l'allemand.

STEFAN. À sa mère ? À la mère de Rineke ? *Courte pause.* Tu veux dire Rineke.

ANN. C'est horrible.

STEFAN. Je suis désolé. Je te demande pardon.

ANN. Tu demandes... quoi ?

STEFAN. Pardon. Je te demande pardon. Excuse-moi si j'ai fait quelque chose... d'impardonnable.

ANN. Tu ne peux pas t'en aller ?

STEFAN. Je ne sais pas. Je suis trop bourré. Elle ne vient pas aujourd'hui cette femme ?

ANN. Je ne peux même pas te regarder. *Ne le regarde pas.* Qui ça ?

STEFAN. Cette journaliste. Elle ne vient pas aujourd'hui ?

ANN. Qui ? Qui ça ? Quelle journaliste ?

STEFAN. On n'avait pas convenu de rencontrer une journaliste du Månadsjournalen [1], qui va faire un reportage sur nous, sur notre amour ? C'était aujourd'hui. Ils veulent nous photographier en train de nous embrasser au bord de la mer d'hiver. Ils veulent faire la couverture avec une photo de nous en train de nous embrasser au bord de la mer d'hiver.

ANN. La mer d'hiver ? Mais quelle mer d'hiver, putain ?

STEFAN. À Dalarö [2]. Nous partons à Dalarö avec une styliste et un photographe. Ils apportent des vêtements, que nous devons essayer ici. Ils veulent des photos de toi et de moi nous embrassant au bord de la mer d'hiver. Ensuite, ils veulent prendre des photos de toi et de moi dans ta librairie rue Sibyllegatan.

ANN. Je ne te toucherai plus jamais.

STEFAN. Je sais. J'ai dit non. Je ne voulais pas. C'était toi qui voulais qu'on le fasse. Tu m'as convaincu. C'est de la bonne pub pour toi. Bonne pub pour ta librairie. *Pause.* Ann. *Pause.* Ann. C'était un accident. C'était un terrible accident tout simplement. Ça prendra du temps pour s'en remettre. Mais on va s'en remettre. On est obligé. *Se lève.* On va essayer de surmonter ça. Il ne me reste plus beaucoup de temps. Je ne sais pas ce que je fais. Mais je ne veux pas divorcer. C'est trop facile. C'est trop facile de divorcer. Je sais. Je t'en supplie. Pardonne-moi. Déteste-moi et pardonne-moi après...

1. Magazine suédois, paru de 1980 à 2002.
2. Île située dans l'archipel de Stockholm.

ANN. Pourquoi ?

STEFAN. Parce que je t'aime. Parce que tu m'aimes. *Va vers elle.* Essaie.

ANN. Je ne peux pas. *Pleure.*

STEFAN. Viens. *La caresse.*

ANN. Je ne peux pas.

STEFAN. Allonge-toi calmement. Reste calme.

ANN. Non.

STEFAN. Reste calme. *Il s'allonge sur elle.* Ne fais rien.

ANN. Tu ne comprends pas ?

STEFAN. Tu n'as besoin de rien faire. Je te ferai peut-être un enfant maintenant.

ANN. J'ai quarante-neuf ans.

STEFAN. Ne dis rien.

ANN. Pourquoi tu as envie de moi seulement quand je pleure ?

STEFAN. Je ne sais pas. Ce n'est pas vrai.

VINGT-CINQ

Une salle d'attente à l'hôpital Sophia. Erik et Emma sont assis à attendre, ils feuillettent des magazines, ils regardent par la fenêtre. Erik porte une petite ampoule remplie de son sperme sous l'aisselle. Décembre 1998.

ERIK. Il neige maintenant. Il n'y a que nous ici ? *Pause.* Il n'y a que nous ici ?

EMMA. Je ne vois personne d'autre.

ERIK, *après une courte pause, tend la main vers un journal.* Tu l'as lu ?

EMMA. Quelle heure est-il ? Fais attention.

ERIK. Design de cuisine. Je fais attention. *Touche son épaule.* C'est comme une blessure. Jolie jupe. Elle est nouvelle ?

EMMA. Nouvelle ? Non, elle est très vieille. Je n'ai pas les moyens de m'acheter de nouveaux habits.

ERIK. Moi non plus. La rénovation de la cuisine a coûté presque trois cent mille couronnes. *Courte pause*. Horrible.

EMMA. Si tu m'en avais parlé avant, ça n'aurait pas coûté autant. *Pause*. On aurait pu faire la plus grande partie tout seuls. Fais attention.

ERIK. Je fais attention. *Pause*. Je le porte solennellement, comme un enfant endormi. Comme une urne. Comme une urne sur une stèle funéraire. Comme la flamme d'une bougie.

EMMA. Tu aurais dû demander un devis précisant les coûts. Pourquoi tu n'écoutes pas ce que je dis ? *Courte pause*. Alors que tu écoutes tout ce que disent les autres. *Courte pause*. Je crois que l'une des causes les plus courantes des malentendus et des divorces est que l'on ne s'écoute pas.

ERIK. Je crois que l'une des causes les plus courantes de divorce est que l'on s'écoute.

EMMA. Tu le crois ?

ERIK. Oui, je le crois. Tu crois quoi ?

EMMA. Je crois que c'est exactement le contraire.

ERIK. Que c'est quand on ne s'écoute pas ?

EMMA. Bien sûr.

ERIK. Je crois que l'une des causes les plus courantes de divorce est que l'on s'écoute. Je crois que l'une des causes les plus courantes du fait qu'on ne se comprenne pas est que l'on se comprend trop bien. Je crois que la cause la plus courante d'une mauvaise communication, et même d'une communication insuffisante, est que l'on communique trop bien. Il y a trop de communication. On se comprend trop bien – ou, si je peux l'exprimer ainsi... je crois que notre communication est trop bonne et intense pour qu'on puisse la supporter... Pour pouvoir continuer et vivre en paix, on doit rompre et gêner la communication de temps en temps. On est paralysé et anéanti à force de comprendre tant de choses tout le temps.

EMMA. Toi et moi ?

ERIK. Toi et moi ? Non, pas toi et moi. Je veux dire en général. Je parle des gens en général. *Sort la petite ampoule avec le sperme.* Tu fais quoi après ?

EMMA. Je crois que je vais rentrer me reposer. Me reposer un petit moment.

ERIK. Et après ?

EMMA. Après ? J'ai un rendez-vous.

ERIK. Tu as un rendez-vous ? Avec qui tu as rendez-vous ?

EMMA. J'ai un entretien d'embauche. J'ai postulé pour ce travail d'éditrice de livres pour enfants. Je ne te l'avais pas dit ?

ERIK. Ah oui, c'est vrai. Ils sont où ?

EMMA. Nous ne sommes peut-être pas les seuls à avoir besoin d'aide.

ERIK. Vraiment ? Et alors, on les aide ? J'ai parlé à Luc ce matin. Il a dit qu'il ne parvenait pas à s'y habituer.

EMMA. À quoi donc ?

ERIK. S'habituer à être aveugle. Même si ça fait six ans. Même s'il est aveugle depuis six ans. Il se réveille quand même tous les matins en croyant qu'il peut voir et après il réalise en regardant tout autour qu'il ne voit rien. Il se met en colère. Il crie. Il veut s'arracher les yeux. Il est devenu totalement dépendant de sa sœur. Elle l'aide pour tout. Elle le tue, dit-il. Elle le démolit. Elle a enfin une raison de vivre. Elle a démissionné de son travail à la prison, où elle était psychologue pour pédophiles. Elle a rompu avec ce type de soixante-dix ans avec qui elle vivait et envisage d'emménager chez Luc. Il m'a dit que c'était la dernière fois qu'il me parlait parce qu'il avait entendu dire que mon roman parlait de lui. Je ne pense pas que tu devrais devenir éditrice de livres pour enfants. Je pense que tu devrais faire quelque chose que tu… je veux que tu… tu dois prendre soin de ton talent… tu dois…

EMMA. Je ne veux pas en parler maintenant. Je ne peux pas que penser à moi sans enfant. Je dois penser à… devenir quelque chose… avant que ce soit trop tard. On ne pourrait pas partir quelque part ? Juste une semaine. À Eilat ?

ERIK. Eilat ?

EMMA. La mer Rouge, marcher dans le désert, marcher et dormir dans le désert.

ERIK. Ça donne envie.

EMMA. On ne pourrait pas faire ça ?

ERIK. Si. *Sourit.*

EMMA. Il n'y a plus de billets pour Bob Wilson. Tout le monde veut y aller.

ERIK. Quel dommage.

EMMA. Qu'est-ce qu'il y a ?

ERIK. Je ne sais pas. Dès que je te vois… oui, même un petit instant avant de te voir, je commence à sourire, sans en être conscient, conscient que je souris je veux dire. Et toi aussi tu commences à sourire avant de me voir. Si tu sais que je suis là. Nous sourions du même sourire. Mais nous ne sourions pas de joie. N'est-ce pas ? Ce n'est pas un sourire de joie, n'est-ce pas ? Pas de joie. N'est-ce pas ? C'est un sourire de politesse. D'attention. Ou de peur. Peut-être de chagrin. Je ne sais pas. Mais c'est comme ça que je le ressens. Comme si nous ne voulions pas nous montrer à quel point nous sommes tristes. C'est pourquoi nous sourions par-dessus notre chagrin. Parce que nous ne pouvons rien faire. Nous ne pouvons rien faire à propos de ce que c'est devenu, de ce qu'est devenue notre vie. Nous sourions parce que nous voulons nous montrer de la joie, autant que possible, peu importe que nous la ressentions ou pas. Nous ne voulons pas nous montrer que nous n'éprouvons pas de joie. C'est pour ça que nous sourions.

EMMA. Où est partie la joie ?

ERIK. Est-ce qu'il y a eu de la joie ?

EMMA. Je ne sais pas.

ERIK. Tu ne sais pas ?

EMMA. Si c'était de la joie.

ERIK. C'était quoi alors ?

EMMA. De l'amour.

ERIK. De l'amour ? *Pause*. Oui. C'est ça.

EMMA. Tu m'aimes terriblement.

ERIK. Oui, c'est vrai. Avant de te rencontrer, je n'avais jamais aimé personne. Ou ressenti cela. Tu es la première personne que j'aime. *Courte pause*. C'est horrible. *Pause*. Je suis si heureux. Peut-être que je ne ressens aucune joie, mais je suis si heureux. *Pause*. Qu'est-ce qu'on devait faire ce week-end ?

EMMA. Il y a le festival de poésie au musée d'Art moderne dimanche. Christa Wolf, John Ashberry et beaucoup d'autres.

ERIK. C'était ce dimanche ?

EMMA. Yes, it was. On avait dit qu'on irait.

ERIK. Je ne peux pas. Je dois voir Daniel.

EMMA. On avait dit qu'on irait.

ERIK. Je sais. J'ai oublié. Je ne peux pas. Je joue au cricket avec Daniel.

EMMA. Au cricket ?

ERIK. Non, au tennis. Je joue au tennis. Pas au cricket. Quelqu'un m'a raconté quelque chose d'étrange sur Stefan. Quelqu'un qui était au même dîner que lui. Un dîner très classe. Avec des serveuses et des discours et tout. Pendant le discours de quelqu'un, il s'est levé, il a déboutonné son pantalon et il a sorti son sexe pour pisser sur la table.

VINGT-SIX

L'appartement d'Erik et Emma, tard dans la soirée, janvier 1999. Erik est assis seul dans la pièce, il écoute la radio, en robe de chambre. Il y a une lampe allumée près du fauteuil. Le téléphone sonne.

ANN *est assise seule dans une pièce de sa maison à Lidingö, vêtue d'une légère robe de chambre, elle est nue en-dessous ; elle a bu une bouteille de vin et a composé le numéro d'Erik.*
ERIK, *décroche*. Oui, allô.
ANN. Tu penses à quoi ?
ERIK. Qu'est-ce qu'il se passe ?
Pause.
ERIK. Tu veux quoi ?
ANN. Tu penses à quoi ?
Pause.
ANN. Tu penses à la même chose que moi ?
Pause.
ERIK. Tu veux quoi ?
ANN. La même chose que toi.
ERIK. La même chose que moi ?
ANN. Oui. *Parle à voix basse*. Ça te manque ?
ERIK. Quoi donc ?
ANN. Nous ? *Pause.* Nos jeux.
ERIK. Et toi ?
ANN. Oui. *Pause*. Et toi ?
Pause.
ERIK. Allô ?
ANN, *chuchote*. Oui. *Pause*. Je suis là.
ERIK. Tu as dit quoi ?
ANN, *chuchote*. Je suis là.
Pause.
ERIK. Tu veux quoi ?

ANN, *chuchote.* Ah...

Pause.

ERIK. Quoi ?

ANN. Ah, c'est bon. *Pause.* Tu te souviens à quel point son cul était poilu ?

Pause.

ANN. Tu viens à la maison ?

ERIK. Non.

ANN. Si, viens. *Pause.* Saute dans un taxi et viens ici. *Pause.* Nous ferons tout ce que tu veux. *Pause.* Je t'attends. *Pause.* Je suis assise à t'attendre. *Pause.* Je suis toute glissante. *Pause.* Tu peux faire ce que tu veux. Tu peux juste regarder si tu veux. Je suis assise sur un canapé. Dans un garage, dans un atelier de réparation de voiture. J'ai les yeux bandés. Je ne vois rien. Rien. Je ne vois pas la personne qui vient. Je porte ma robe noire. J'entends quelqu'un ouvrir la porte. Mais je reste assise toute immobile. Quelqu'un vient vers moi. C'est tellement silencieux que j'entends que c'est un homme. C'est tellement silencieux que j'entends que tu as arrêté de respirer. Il est debout face à moi. Il se baisse. Il écarte mes cuisses. Il commence à me caresser entre les cuisses mais il est prudent. Très prudent. Il ne touche pas mon sexe. Il ouvre la bouche. J'attends. Il ouvre la braguette de son pantalon.

VINGT-SEPT

Service psychiatrique à l'hôpital de Danderyd. Ann est assise dans une chambre. Elle porte une jupe grise et un chemisier blanc. Ses cheveux sont attachés. Février 1999.

ANN. Comment tu vas ?

STEFAN. Pas trop mal. *Courte pause.* Et toi comment tu vas ?

ANN. Tu te sens seul ? *Courte pause.* Pourquoi tu me demandes ça ?

STEFAN. Qu'est-ce que tu as dit ?

ANN. J'ai demandé à venir ici parce que je connais le médecin chef. Il est allemand. C'est l'un de mes plus vieux amis. *Courte pause.* Tu veux faire l'amour ?

STEFAN. Faire l'amour ?

ANN. Oui. Un petit coup rapide ?

STEFAN. Maintenant ? *Pause.* Ici ?

ANN. Il y a un lit là-bas. Il y a deux lits. La femme qui dort dans l'autre lit se lave les mains toute la nuit jusqu'à ce que je me lève pour fermer le robinet. J'ovule en ce moment. L'ovule est seulement fécondable pendant dix-huit à vingt-quatre heures. Qu'est-ce que tu veux ?

STEFAN. Je voulais juste voir comment tu allais. *Pause.* Tu as besoin de quelque chose ?

ANN. Je ne suis pas folle.

STEFAN. Non, tu ne l'es pas.

ANN. Je ne suis pas folle.

STEFAN. Non, tu ne l'es pas.

ANN. Je suis quoi alors ?

STEFAN. Tu es fatiguée, tu es surmenée... tu as fait une petite dépression nerveuse.

ANN. Je suis fatiguée, je suis surmenée... j'ai fait une petite dépression nerveuse.

STEFAN. Oui. Tout le monde peut être un peu épuisé... et avoir besoin de repos... pour reprendre des forces.

ANN. J'avais raison n'est-ce pas ? Je n'avais pas dit qu'il y aurait une guerre en Yougoslavie ?

STEFAN. Quoi ? *Pause.* Au Kosovo ?

ANN. Oui, il y aura une guerre aussi là-bas. Je l'avais bien dit.

STEFAN *prend un livre qui est à côté d'elle.* C'est qui ? C'est Mengele ?

ANN. Non, c'est une photo de lui. Tu sais ce qu'ils ont fait ?

STEFAN. Oui, je sais.

ANN. Comment tu le sais ?

STEFAN. J'ai lu des choses là-dessus.

ANN. Ils lui ont pris son enfant au moment où il naissait. Ils l'ont mis dans une autre pièce où étaient couchés les autres enfants. Ils ne voulaient pas les nourrir. Ils disaient qu'ils voulaient voir combien de temps ils survivraient sans aucune nourriture. Elle me l'a apporté ce matin. Il n'avait rien mangé depuis six jours. Je l'ai tenu dans mes bras. Il avait l'air de dormir. Elle avait apporté une seringue et une solution saline. Elle disait, donne-lui ça. Tu ne veux tout de même pas le voir souffrir plus longtemps. Il va mourir de toutes façons. Il souffrira encore plus si tu ne le fais pas. Le médecin est parti voir sa famille. Il ne sera pas là de la semaine. J'adore ses costumes. Il sourit si gentiment. Comment peut-on avoir un sourire si gentil en étant si impitoyable. Gnadenlos – gnadenlos, je crois que ça se dit comme ça en allemand. Ils disent que c'est un pianiste incroyable. J'ai pris la seringue, je l'ai piqué, dans ses fesses. Après il s'est endormi. Elle l'a pris et elle est partie. Il y a des personnes bonnes.

VINGT-HUIT

Une sortie de l'autoroute A 11, entre Lucca et Florence, dans un petit café au bord de la route. Sombre et frais à l'intérieur derrière un rideau de perles mais une chaleur blanche et forte à l'extérieur, des feuilles sèches sur les arbres qui peinent à donner de l'ombre. Erik et Emma sont assis à une table, regardant une carte. Ils boivent un expresso et un jus de fruit.

ERIK. Tu ne veux rien d'autre ?

EMMA. J'aurais dû prendre un thé glacé au lieu du café. Ils n'en avaient pas ?

ERIK *regarde autour de lui.* Je ne pense pas. *Allume une cigarette, prend la carte.* On est où ? On est là ?

EMMA. Je n'ai pas bu de café depuis que je suis enceinte. Non. Ici.

ERIK. Buggiano ? On n'est pas arrivé plus loin ? On a roulé pendant trois heures.

EMMA. On pourrait prendre l'autoroute quoi qu'il en soit. On fait ça ?

ERIK. Absolument pas. Elle est horrible, l'autoroute. Qu'en dis-tu ?

EMMA. Oui, vaut mieux pas. *Prend son briquet.* Tu l'as acheté ?

ERIK. J'aimais la couleur. Je l'ai acheté ici. Vert italien. *Pause.* Comment ça va ?

EMMA. Je ne sais pas.

ERIK. La chaleur. C'est peut-être de la folie de rouler en voiture pendant ton troisième mois de grossesse, sans air conditionné alors qu'il fait trente degrés dehors.

EMMA. Tu crois ?

ERIK. Je ne sais pas.

EMMA. On laisse tomber alors ?

ERIK. C'est encore loin ?

EMMA. Jusqu'à Florence ?

ERIK. Oui. C'est encore loin ?

EMMA. Je ne peux pas répondre. Difficile à dire. C'est loin ?

ERIK. Je ne sais pas. *Pause.* Comment tu te sens ?

EMMA. J'ai l'impression d'avoir la nausée.

ERIK. Beaucoup ?

EMMA. Je ne sais pas.

ERIK. Tu as envie de vomir ?

EMMA. Je ne sais pas. C'est peut-être la chaleur.

ERIK. On va y aller doucement. On peut passer par Pistoia, Montale... Agliana... Prato, Calenzano, Sesto, comme ça on arrivera à Florence par ce chemin-là. Et après, si on n'est pas trop fatigué, on rentrera chez nous par Volterra. Tu sais qui vivait là-bas ? Les Étrusques. *Courte pause.* Mon Dieu. C'est ici, tout en bas. Comment te sens-tu maintenant ?

EMMA. Pareil qu'avant.

ERIK. Comme avant ? Je me demande si Eugenio Montale vient de Montale. Je préfère l'autre poète. Ungaretti. Il a écrit un court poème incroyable dans une tranchée pendant la Première Guerre mondiale. C'était dans une tranchée près de Pise, au bord de la rivière Arno. Juste deux mots. Je ne me les rappelle pas... Illumenso... quelque chose. Je m'illumine d'immensité. Ces mots lui sont venus quand il a allumé une allumette dans l'obscurité pour fumer une cigarette. Bon alors, on fait quoi ?

EMMA. Je ne sais pas. Je me sens bizarre.

ERIK. Vraiment ?

EMMA. Ici. *Elle se tient le ventre.* Je vais aux toilettes.

ERIK. Tu sais ce qu'il a dit au moment d'implanter les ovules... Il a dit qu'il n'avait pas pu voir s'il y avait...

EMMA. Il n'y en avait qu'un seul.

ERIK. Oui – il n'avait pas pu voir si le traitement avait été payé. J'ai dit : malheureusement je n'ai pas eu le temps, je le ferai cet après-midi en sortant d'ici. Alors il a dit qu'il serait obligé d'arrêter le traitement car il n'avait aucune garantie que je paierais trente mille couronnes une fois que les ovules seraient implantés et fécondés et qu'ils ne pourraient pas reprendre les ovules si l'argent n'arrivait pas.

EMMA. Pourquoi tu parles de ça maintenant ?

ERIK. Ça m'est revenu à l'esprit. Je n'ai pas été capable de l'oublier. J'ai pensé à ça tout le temps. Je n'ai pas aimé sa manière de le dire. Tu veux quelque chose d'autre ?

EMMA. Non. *Va aux toilettes.*

ERIK *continue de regarder la carte.* Lingua di Dio. *Courte pause.* La Lingua di Dio.

LE PROPRIÉTAIRE DU CAFÉ *qui arrive et ramasse les tasses.* Si... italiano... La Lingua di Dio.

ERIK. Si.

EMMA *depuis les toilettes.* Erik. Erik.

VINGT-NEUF

Room. Un magasin de meubles. Erik et Emma se promènent. Ils sont harmonieux. Musique dans les haut-parleurs, Keith Jarrett, le concert de Cologne, ou le Modern Jazz Quartett, ou Django Reinhardt. Dans la pièce, il n'y a que deux fauteuils blancs. Fin septembre, 1999.

ERIK. Tu ne penses pas qu'on devrait plutôt descendre le canapé beige du séjour ? Si on le déplie c'est un lit, au cas où on aurait des invités.

EMMA. On ne va pas avoir d'invités. C'est un endroit où personne d'autre ne sera autorisé à entrer.

ERIK. C'est un futon.

EMMA. Il est trop grand.

ERIK. Pour la pièce d'en bas ? OK.

EMMA. On va prendre un sofa à deux places. Pour deux personnes.

ERIK. Oui, tu as raison. On a les moyens ? Il faut aussi qu'on regarde les carrelages et les cheminées. Il nous faut une cheminée pour cet hiver. Je ne peux pas vivre de mes romans. Mes revenus ont baissé de quatre-vingts pour cent depuis que j'ai quitté la maison d'édition. Elle était horrible.

EMMA. Qui était horrible ?

ERIK. La femme du magasin de carrelage à Gamla Stan [1]. Elle m'a dit qu'ils avaient arrêté de travailler avec les fabricants français parce qu'on ne peut pas leur faire confiance et qu'ils sont négligeants, mais elle n'a même pas pu nous donner leur adresse ou leur numéro de téléphone. C'est le seul carrelage que j'aime, finition dépolie... Neige.

EMMA. Je trouve qu'on devrait aller voir d'autres magasins. Asplunds, Klara, Room.

ERIK. On est à Room. On est à Room maintenant. Bien sûr qu'on le fera. On peut chercher aussi longtemps qu'on veut. On a toute la vie devant nous. *S'arrête devant les fauteuils blancs.* Ceux-ci.

EMMA. Toute la vie ? *Courte pause.* Ceux-là, les blancs ?

ERIK. Oui. Tu en penses quoi ? *S'assied.* Je les trouve beaux. Ils sont confortables aussi. Assieds-toi.

EMMA, *s'assied.* Oui, ils sont beaux.

ERIK. J'aime bien quand tu as les cheveux comme ça. Oui. Ça fait un peu Tchekhov. Ils coûtent combien ? *Il cherche l'étiquette.*

EMMA. Tu trouves ? Je trouve que je fais gamine.

ERIK. Neuf mille. C'est ce qui me plaît.

EMMA. C'est ceux-là que tu voulais ?

ERIK. Oui. Pour la pièce d'en bas. La pièce dont on parlait. On pourrait s'asseoir dedans et admirer le noyer.

EMMA. Ils sont beaux. Il sont confortables aussi.

ERIK. N'est-ce pas ? OK.

EMMA. Il faut bien quelque chose pour s'asseoir. Mais je suis plus concentrée sur le jardin cette année. On devrait faire un dessin du jardin. À quoi il devra ressembler. Où on pourra s'asseoir.

ERIK. Absolument. C'est aussi ce que je veux. Je voudrais avoir plusieurs pièces dans le jardin. On devra aussi faire

1. Vieille ville de Stockholm.

extrêmement attention à l'endroit où l'on décidera de planter le noyer. On ira le récupérer fin septembre. J'en ai commandé un qui a sept ans. Il sera grand. J'ai faim. On cherche quoi d'autre ?

EMMA. Je ne sais pas. *Courte pause.* On n'a toujours pas de ferrures pour les armoires de la cuisine, alors qu'on a fait les travaux de rénovation en février. Il y a tellement de choses dans notre vie qui ne sont pas encore finies.

ERIK. C'est aussi une manière de vivre. *Se lève.* Nous n'avons même pas réussi à nous occuper des enfants que nous parrainons au Brésil. Nos deux enfants au Brésil, ça fait six mois que nous n'avons pas payé.

EMMA. En Argentine.

ERIK. Le mien était du Brésil. Tu crois qu'il pense quoi ? *Courte pause.* Tu crois qu'il pense quoi ?

EMMA. Je ne sais pas. J'ai mauvaise conscience maintenant.

ERIK. Tu crois qu'on lui donne quoi ? Peut-être qu'il avait commencé une formation, qu'il avait commencé à lire, qu'il avait commencé à apprendre l'alphabet.

EMMA. Je me sens très mal. J'ai tellement mauvaise conscience.

ERIK. Moi aussi. Tu veux manger quelque chose ? Ils n'ont pas des sandwichs au pastrami ici ?

EMMA. Ils étaient d'Argentine. Juan et...

ERIK. Juan ?

EMMA. Je crois que c'est ça.

ERIK. Pas Juan.

EMMA. Pourquoi ce ne serait pas Juan ?

ERIK. C'était peut-être ça. C'était peut-être Juan.

EMMA. Juan ou Joao.

ERIK. C'est le même nom ?

EMMA. Oui, je crois. Son père s'est aspergé d'essence, a allumé son briquet et a commencé à brûler.

ERIK. Comment tu sais ça ? *Courte pause*. Comment tu sais ça ?

EMMA. C'était écrit dans la lettre. Cette lettre que nous avons reçue d'eux.

ERIK. C'est horrible.

EMMA. Oui, c'est horrible. Allons-y.

ERIK. Allons manger.

EMMA. Allons manger quelque chose. *Courte pause*. C'était qui ?

ERIK. Qui ça ?

EMMA. Je crois avoir reconnu quelqu'un.

ERIK. Une femme.

EMMA. Un homme. C'était un homme, je crois.

ERIK. Je ne l'ai pas vu. Tu te souviens des sandwichs au pastrami qu'on a mangés au Carnegie Deli à New York ? Ils étaient chauds. Ils étaient tièdes. Je n'arrive pas à les oublier.

EMMA. Non.

ERIK. Tu ne t'en souviens pas ? Moi oui.

EMMA. Non, ce n'était pas moi. Tu ne les as pas mangés avec moi. Tu les as mangés avec quelqu'un d'autre. Salut.

ERIK. À Carnegie Deli ? Ce n'était pas avec toi ?

STEFAN *qui les a remarqués au même moment. Il est assis dans l'un des fauteuils blancs*. Salut. Je suis assis ici.

EMMA. Tu fais quoi ?

STEFAN. Je suis assis ici. Comment ça va ?

ERIK. Comment ça va ?

STEFAN. Oui, comment ça va ? Je ne sais pas.

EMMA. Tu fais quoi ?

STEFAN. Ce que je fais ici ? Je ne sais pas. Je suis juste entré parce que je me sentais un peu crevé. Je ne me sentais pas un peu crevé. J'étais crevé. Je voulais trouver un endroit pour m'asseoir. Il y a tellement de chaises ici. *Prend une cigarette et l'allume*. Je me sens comme un criminel. Un criminel malade. Est-ce qu'on peut devenir malade de crimes ?

EMMA. Comment ça va ?

STEFAN. Mais je ne sais pas quel est ce crime.

ERIK. Je ne pense pas que tu puisses fumer ici. *Pause.* Comment tu te sens ?

STEFAN. Je ne me sens pas bien. Je suis malade. Je me sens bien. Je me sens bien pour quelqu'un de malade.

ERIK. On peut faire quelque chose pour toi ?

STEFAN. Oui.

EMMA. Quoi ?

STEFAN. Oui. Je ne sais pas. *Pause.* Asseyez-vous et parlez-moi. Ce serait suffisant. Cela signifierait beaucoup pour moi. Si vous vouliez me parler.

ERIK. De quoi ?

STEFAN. Peu importe. D'aéroports, de livres... d'hôtels... de ce qu'il y a dans les chambres d'hôtel quand on arrive... Gramercy Park Hotel. Je sens mauvais ? Je trouve que je sens mauvais. J'ai quelque chose qui sent mauvais. Vous comprenez ce que je dis ?

ERIK. Tu dis que tu sens mauvais.

STEFAN. Je trouve que je sens mauvais. Je ne sais pas d'où ça vient. Je n'ai pas eu la force de me laver pendant une semaine entière. Je ne me suis pas brossé les dents. Je n'ai pas changé de vêtements. J'ai terminé ma nouvelle pièce hier. Je ne pensais jamais parvenir à la finir. Jamais. C'est l'histoire d'un éditeur, d'un éditeur en chef, qui est marié à une femme médecin. Au début de la pièce, ils ont tous les deux environ quarante ans. Elle ne peut pas avoir d'enfant. Ils ne peuvent pas avoir d'enfant. Elle tombe enceinte plusieurs fois mais elle fait des fausses couches. Elle perd l'un des fœtus pendant qu'elle est assise aux toilettes, quand elle et son mari, l'éditeur, sont à une fête de la maison d'édition à Djurgården. L'éditeur reçoit une lettre d'une jeune femme qui étudie la littérature, le théâtre et la sociologie dans une université américaine. Elle a écrit un roman, qu'elle voudrait qu'il lise. Elle voudrait qu'il soit publié. Pardon. Ce n'est pas un éditeur. C'est un auteur bien sûr. J'ai changé. Au début il était éditeur, mais après il devient auteur. La différence n'est pas aussi grande qu'on pourrait le croire. C'est la même personne. Elle écrit qu'elle prépare une thèse sur son œuvre – il écrit des romans – et elle lui demande si elle peut le rencontrer, quand elle viendra à Stockholm dans quelques mois, pour lui poser des questions sur son écriture. D'habitude, il dit non à ce genre de demandes, mais cette fois-ci il dit oui. Ils se rencontrent au Café Thalia en mai 1989. C'est ici que la pièce commence. Il y va sans aucune attente. Elle est nerveuse et inquiète. Il la trouve belle, intelligente, jeune et rayonnante. Il trouve qu'elle est jeune. Elle est jeune. Presque vingt ans de moins que lui. *Il commence à saigner du nez.* Mais rien ne se passe à part qu'ils commencent à se parler et qu'il lui offre une Gauloise et qu'elle reste dans ses pensées longtemps après le rendez-vous, comme quelque chose de doux et de clair à la fois. Elle travaille sur sa thèse. Il écrit deux nouveaux romans, part en vacances avec sa femme, etc. Elle finit sa thèse et rentre à Stockholm deux ans plus tard. Elle l'appelle et lui rend visite dans son appartement. Sa femme est à un congrès médical à Umeå. Elle y rencontre un médecin, neurologue, qui a dix ans de moins qu'elle, mais il ne se passe rien à part qu'ils prennent un verre ensemble dans sa chambre d'hôtel et qu'il met la main sur sa cuisse, mais elle l'enlève amicalement et après ils se disent bonne nuit. Mais l'auteur tombe amoureux de la jeune femme. Très amoureux. Il va la voir à son domicile, un petit studio à Söder [1] qu'elle loue provisoirement à une amie. L'appartement se trouve

1. Quartier sud de Stockholm.

juste à côté de l'église Katarina, et lorsqu'ils y sont, ils peuvent entendre le chœur répéter à côté. Ils répètent le *Requiem* de Mozart. Il ne sait pas qu'elle, mariée à un fabricant d'instruments de musique aux USA, a depuis peu une liaison en Suède avec un autre auteur, qui vient juste d'être publié dans sa maison d'édition. Ils se sont rencontrés plusieurs fois à la maison d'édition et dans des soirées. Le jeune auteur a admiré le vieil auteur, mais maintenant il pense qu'il pue, qu'il ne durera jamais, qu'il est démodé, qu'il n'est plus dangereux ou intéressant – qu'il n'a plus rien à dire sur la nouvelle époque qui vient de surgir. J'aime ces scènes. Elles sont totalement authentiques. PK. Le vieux dit qu'il l'aime, la jeune femme. Il vient la voir dans son appartement à six heures un dimanche soir en septembre. Il dit qu'il l'aime. Il l'embrasse, caresse ses seins. Ils se revoient trois jours plus tard. Elle lui demande s'ils ne peuvent pas plutôt rester amis. Elle pressent ce qui va arriver. Non, dit-il. Ils ont alors une liaison. Après trois semaines, elle fait une bouffée délirante aiguë et se retrouve internée dans un hôpital psychiatrique. C'est maintenant que ça devient intéressant. Qui est là-bas à l'attendre, sans savoir qu'il l'attend, mais le jeune auteur, qui s'est retrouvé là parce qu'il est accro à l'héroïne et a été retrouvé une nuit inconscient dans Kungsträdgården, près de Gallerian [1]. Je trouve que les scènes entre eux sont incroyablement bonnes. Elle, psychotique, et lui, en manque. Très drôles. Je suis aussi très drôle. Le vieux type est terrifié et ne sait pas quoi faire. Il lui rend visite seulement deux fois en cachette. Lors de la dernière visite, sa femme, qui est médecin dans cet hôpital, l'aperçoit et se renseigne pour savoir où il a été. Elle croit bien sûr qu'il souffre d'une maladie et qu'il cherchait de l'aide. Suis-je trop compli-

1. Centre commercial près du Jardin royal de Stockholm.

qué ? Je suis désolé. Quand elle découvre ce qui est en train de se passer, elle tente de se suicider. Quand elle se réveille, elle lui pose un ultimatum. S'il la quitte, elle se tuera. Il ne sait pas quoi faire. Il ne sait plus qui est la jeune femme. Il la connaissait à peine avant qu'elle devienne psychotique. Que doit-il faire ? Là, c'est l'entracte. Quand le deuxième acte commence, six années ont passé et on le voit avec la jeune femme au musée d'Art moderne. Ils se baladent et regardent une expo photo. Ils s'arrêtent devant deux grandes photos de Serrano. On comprend qu'ils sont mariés. Qu'ils ont des problèmes. Ils rencontrent par hasard l'épouse précédente qui est là avec le jeune auteur. On ne sait pas quand leur liaison a commencé mais je peux vous révéler que c'est arrivé en Bosnie, à Sarajevo. Il était là-bas avec une pièce qu'il avait écrite, pour soutenir les combattants de Sarajevo, et elle travaillait là-bas pour la Croix-Rouge, pour échapper aux souvenirs de son mariage précédent, et ils se sont simplement retrouvés au même hôtel la même nuit. Le temps passe. Il se trouve que la jeune femme ne parvient pas non plus à être facilement enceinte. Les deux hommes dans la pièce ont des enfants, des fils, de relations précédentes. Bon, bref... Le vieil auteur et la jeune femme continuent de vivre ensemble. Ils passent un an en Ombrie pour se reposer et peut-être parvenir à faire un bébé. Le jeune auteur trompe la femme médecin avec une fille de quinze ans. Il se trouve qu'il est obsédé par les filles très jeunes. La femme médecin le quitte. Elle déménage à Tel Aviv. Elle a une nouvelle liaison avec un anesthésiste qui travaille dans le même hôpital qu'elle. En fait il aimerait devenir charpentier et, pendant son temps libre, il rénove une vieille grange du XIIIe siècle pour en faire son atelier. Il a une fille de quatre ans. Sa femme, la mère de l'enfant, est morte dans un attentat-suicide deux ans plus tôt. Le jeune auteur est accusé d'agression sur mineurs. Il est condamné à sept mois de prison. Sa situation et sa renommée sont ruinées. Quand il sort de prison il n'a nulle part où aller sauf chez ses parents avec qui il n'a plus eu de contact depuis, disons, sept ans. Il prend un taxi pour y aller. Mais quand il arrive, ils ne sont pas là. Ils sont morts. Hier, mes deux parents sont morts. Ils étaient en route vers leur maison de campagne à Tyresö [1] pour y passer le week-end. Ils allaient cueillir des pommes et des poires. Au moment de tourner pour prendre la sortie, une voiture les a heurtés de plein fouet et ils sont morts sur le coup. C'était un cambrioleur qui avait été surpris au moment où il rentrait par effraction chez l'un de leurs voisins. Il a survécu.

EMMA. Je croyais qu'ils étaient morts.

STEFAN. Oui, ils étaient morts.

TRENTE

Tel Aviv, décembre 1999.

DANIEL, *18 ans, vient d'une autre pièce.* C'est joli ici.

ANN. C'est joli mais il y a des tensions. Ils construisent sans arrêt autour de nous, jour et nuit. Les plans des architectes n'ont même pas le temps de sécher qu'il y a déjà une nouvelle maison en face. Tu as trouvé la serviette ?

DANIEL. Oui. *Pause.* Elle te ressemble.

ANN. Je sais. Je ne veux pas qu'elle me ressemble trop. Tu veux te reposer un peu ?

DANIEL. Non, ça va. Ça n'a pris que quatre heures.

ANN. Dès que Jacob sera là, nous irons dîner quelque part.

1. Commune de Stockholm.

Il rentre d'habitude vers six heures et demie. Il termine à cinq heures aujourd'hui. Il aurait dû arriver il y a une heure.

DANIEL. J'ai hâte de le rencontrer. Il fait quoi ?

ANN. On ne doit pas penser qu'il s'est passé quelque chose. *Courte pause.* Jusqu'à ce qu'il se soit passé quelque chose. Il ne s'est rien passé. C'est la circulation. C'est une manifestation. Il est anesthésiste. C'est comme ça que nous nous sommes rencontrés. Il préfèrerait être charpentier. Il veut que nous déménagions à Jérusalem. S'il le faut, nous pourrons toujours revenir. On aura toujours besoin de personnel médical. On verra ce qui se passe. Tu m'as manqué. Je n'arrive pas à croire que tu es là.

DANIEL. Moi non plus.

ANN. Nous avions l'habitude d'aller manger des glaces au Pipersglass rue Pipersgatan. Et tu es tombé amoureux d'Anna... comment elle s'appelait... Anna Söderlind, qui prenait le même chemin pour rentrer. Nous l'avons invitée à manger une glace.

DANIEL. Je n'étais pas amoureux d'elle.

ANN. Si, tu l'étais. Nous l'avons vu. Tu lui écrivais des lettres quand nous étions à Marina di Pisa.

DANIEL. Je n'étais pas amoureux d'elle à ce moment-là.

ANN. Elle fait quoi maintenant ?

DANIEL. Elle a déménagé à Åre [1]. Son père a trouvé du travail là-bas. Je crois qu'elle voulait devenir architecte. Je suis toujours amoureux d'elle.

ANN. Comment vas-tu ? Comment ça va à l'école ?

DANIEL. Ça va. C'est ma dernière année.

ANN. Je sais. Je sais que c'est ta dernière année. Je t'ai accompagné à ton premier jour d'école, la première année. Tu t'en souviens ?

1. La plus ancienne et importante station de sports d'hiver de Suède.

DANIEL. Oui. *Pause.* Après, nous sommes allés au Pipersglass manger une glace.

ANN. Exact. Tu sais ce que tu veux faire après ?

DANIEL. Non. Je ne sais vraiment pas.

ANN. Tu n'as pas besoin de te décider tout de suite.

DANIEL. Non. Je voudrais juste voyager quelques années avant de commencer à y penser.

ANN. Bien. Excellent. *Courte Pause.* C'est si agréable. C'est comme s'il n'y avait aucun problème ou aucune douleur inutile entre toi et moi. *Courte pause.* Je suis relativement heureuse. J'ai l'impression d'être enfin chez moi. C'est comme si j'étais chez moi, pour la première fois de ma vie. Je ne peux toujours pas dormir mais pourquoi devrais-je dormir ? Je dois me contenter d'une vie sans sommeil. Il dit qu'il se sent enfin chez lui aussi. Il dit que je le rends calme. Je lui explique que notre vie se compose d'abord de tout ce que nous sommes, des cercles dont nous sommes faits. D'abord il y a le cercle de lui et de sa fille. Ensuite il y a lui et moi. Ensuite il y a nous trois. Ils s'ouvrent l'un sur l'autre partout où c'est possible, et sont fermés là où ce n'est pas possible. Nous ne rêvons même pas dans la même langue. Il rêve en polonais et moi en suédois. Mais c'est agréable pour une fois de ne pas se comprendre trop bien. Bien que ce soit fatigant qu'aucun de nous deux ne puisse communiquer avec l'autre dans sa propre langue. C'est fatigant et c'est effrayant.

DANIEL. Et moi ? Tu me mets où ?

ANN. Tu es à moi. Tu es ma famille la plus proche. Je n'ai jamais été ta maman ou ta copine. J'ai été la femme de ton père. Son manque. Son désir et son impuissance. Sa trahison. Mais toi et moi, nous avons eu la force de créer notre propre lien, qui a survécu au divorce. Je sais des choses sur toi que personne d'autre ne sait, et c'est pareil pour toi. Maintenant je me sens triste. Maintenant je vais pleurer. Viens, allons sur la terrasse. Allons nous mettre sous les étoiles. Elles arrivent maintenant. *Pause.* Lors de mon premier jour à l'hôpital, on a été prévenu d'un attentat à la bombe dans un bus. Quand on est arrivé sur place, il y avait des blessés et des morts partout. L'un des hommes, un jeune palestinien, qui avait lancé les bombes, avait survécu. Ils l'ont forcé à rentrer dans le bus en feu et il a commencé à brûler. Il était recouvert de flammes et pendant qu'il brûlait, il est sorti du bus et il est venu droit vers moi sans me lâcher du regard, et j'ai vu la haine et la douleur dans ses yeux et je ne pouvais pas faire la différence entre les deux et j'étais sur le point de l'embrasser et de le serrer dans mes bras, mais il est tombé et tombé et tombé. Pourquoi Jacob n'est pas là ? Il devrait être rentré maintenant.

FIN

Création en langue française le 11 janvier 2008 au Théâtre Nanterre-Amandiers dans une mise en scène de Jean-Louis Martinelli.

Scénographie	Gilles Taschet
Costumes	Patrick Dutertre
Lumières	Éric Argis
Vidéo	Pierre Nouvel
Son	Jean-Damien Ratel
Maquillages, Coiffures	Françoise Chaumayrac
Assistante à la mise en scène	Amélie Wendling

Avec Marianne Basler, Éric Caruso, Stéphane Freiss, Sophie Rodrigues.

ACHEVÉ D'IMPRIMER EN JANVIER 2008
DANS LES ATELIERS DE NORMANDIE ROTO IMPRESSION S.A.S.
À LONRAI (ORNE)
N° D'IMPRESSION : 073677
DÉPÔT LÉGAL : JANVIER 2008

IMPRIMÉ EN FRANCE